출근길을 걷고 싶은,

걷고 있는 이들에게

들어가며
꿈 없는 지방대 3학년

군대 전역 후 막막했다. 정확히 말하면 무엇을 하며 살아가야 할지 전혀 감이 잡히지 않았다. 그리고 나를 돌아봤다. 현재 나는 지방의 사립대 3학년 흔한 경영학과생 어느 하나 내세울 것 없는 그냥 대학생이었다. 심지어 꿈도 없었다. 초등학교 시절 꿈은 의학박사, 중학교 시절 꿈은 가수였지만 고등학교 시절 대학입시를 준비하면서 꿈을 키워갈 시간에 잠을 더 자고 싶었다. 지방 사립대 입학 후 1학년, 2학년 친구들과 젊음을 즐기고 군대를 다녀오니 지금의 내가 되어있었다. "꿈 없는 지방대 3학년"

나의 꿈은 중요하지 않았다. 그냥 부모님이 모임에 나가서 아들자랑을 할 수 있었으면 했다. 마치 그것이 나의 꿈처럼 느껴졌다. 무작정 학교 선배를 찾아가 물었다. "잘 먹고 잘살 수 있으려면 무엇을 해야 합니까?" 그러자 선배가 짧게 답했다. "괜찮은 기업에 취직"

나는 명문대, 학점, 영어, 대외활동, 수상경력, 자격증 등 스펙이 단 하나도 없었다. 군대를 늦게 다녀와서 전역하니 24살이었다. 흔히 말하는 괜찮은 기업에 취직하기 위해서는 명문대 졸업장 그리고 토익 800점 이상, 자격증 두세 개, 대외활동 및 수상경력이 있어도 힘들다고 들었다. 아무것도 없는 내가 할 수 있을까?

1장
괜찮은 기업에 입사하기 위해 필요한 것

교수님과 선배들에게 취업을 위해서는 어떤 스펙이 있어야 하는지 부지런히 물었다. 어떤 사람은 영어가 가장 중요하고 말했다. 반면 교수님은 학점이 중요하다고 했지만 또 다른 선배는 대외활동이 가장 중요하다 말해줬다. 정말 혼란스러웠다. 본격적으로 취업시장에 뛰어들기까지 약 2년이 남았는데 학점, 영어(토익, 토스, 오픽), 대외활동, 대회수상, 자기소개서, 인적성, NCS, 면접은 기본이고 남들과 다른 특별한 경험도 필요했다. 막막했다. 기업은 이렇게 훌륭한 인재를 뽑아서 어떤 업무를 시키는지 궁금했다.

학점, 가장 중요한

취업을 위해 가장 먼저 내가 할 수 있는 것은 학점이었다. 1학년, 2학년 망쳐놓은 학점을 복구하는 것이다. 우선 학점을 후하게 주시는 교수님의 과목을 수강신청했다. 아울러 수학에 약했기 때문에 암기 위주의 과목을 수강했다. 그리고 강의가 시작되면 무작정 맨 앞에 앉았다. 학점에 관심이 없었던 시절에는 앞자리가 인기가 없을 줄 알았지만 앉으려고 보니 인기가 많아서 강의 시작 시간보다 15분 먼저 강의실에 도착해야 했다. 앞자리의 장점은 교수님이 나의 얼굴을 익히고 서로 약간의 정을 쌓으면 B가 B+이 되고 A가 A+으로 변했다. 교수님께 공부를 열심히 하는 친구로 각인되기 위해 억지로 질문도 몇 번 했다. 또한 앞에 앉으면 수업시간에 집중이 잘 됐다. 아니 집중이 잘 되기보다는 교수님이 말씀하시는 것들을 최대한 많이 필기할 수 있었다. 그냥 무작정 적고 책에 중요한 부분을 빠짐없이 밑줄 쳤다. 이론의 대해서 깊게 생각하거나 비판할 시간이 없었다. 수업이 끝난 후 복습은 전혀 할 수 없었다. 물론 예습도 못했다. 취업을 위해서는 학점 외에 해야 할 것들이 너무 많았기 때문이다.

시험기간이 되면 그때서야 급하게 전공 및 교양 공부를 시작했다. 사람이라서 수업시간에 교수님의 말씀을 100% 적을 수 없었다. 친구들의 책과 노트를 빌려 내가 빠트린 부분을 옮겨 적었다. 시험보기 1주 전부터 밑줄 친 부분과 필기한 부분을 최대한 빠르게 여러 번 읽었다. 물론 야식, PC방, 노래방, 친구들과 수다로 많은 시간을 낭비했다. 시험기간에는 모든 것들이 10배로 재미있었기 때문이다. 심지어 경제신문도 재미있었다. 시험 하루 전에는 시험 보는 과목만 여러 번 읽으며 암기했다. 빠르게 여러 번 반복해서 읽었다. 그래야 비교적 쉽게 암기가 되기 때문이다. 공부는 고통이라고 생각했다. 여러 번 빠르게 읽는 것이 최대한 고통 없이 암기를 할 수 있는 나름의 방법이었다. 시험을 보는 날이면 답안지를 작성하고 시험지 여백에 교수님께 보내는 서너 줄의 짧은 편지를 썼다. 한국은 '정'의 사회이기 때문에 편지는 학점을 높일 수 있는 에너지로 작용했다.

정리하자면 강의실 앞자리에 앉아 교수님의 말씀을 필기했다. 가끔 쉬는 시간에 교수님께 몇 번 질문을 했다. 마지막으로 시험보기 2주 전부터 준비를 했다. 그 결과 대기업 입사자 평균 학점보다는 높은 3.87로 학교를 졸업할 수 있었다.

내가 인사과 팀장이라면 신입사원을 뽑는 과정에서 학점을 가장 중요하게 볼 것이다. 직장에서는 성실한 사람을 간절히 원하며, 성실함을 판단할 수 있는 가장 신뢰 있는 숫자는 학점이기 때문이다. 먼 훗날 이직을 할 때도 대학교 학점은 따라다닌다. 그러니 학점은 놓치지 말아야 한다.

동아리, 뭉쳐야 입사한다.

학점 외에 대외활동 스펙도 필요했다. 대외활동의 필요성을 느끼며 학교 주변을 돌아보니 몇 개의 동아리 모집 포스터가 보였다. 포스터에는 음악동아리, 봉사동아리, 종교동아리 등 다양한 동아리가 있었지만, 그 중 취업에 도움 되는 영어동아리, 경제동아리의 인기가 가장 많았다. 나 역시 취업에 관련된 경제 증권 동아리에 참여했다. 확실히 취업을 준비하는 사람이 모인 공간으로 취업 정보가 많았다. 특히 최근에 취업한 동아리 선배들이 주는 취업정보는 고급정보였다. 동아리에서 아침마다 신문을 읽고 일주일 신문의 내용을 간략하게 동아리 사람들 앞에서 발표했다. 끈기가 없고 의지가 약한 나였지만, 집단생활로 책임감을 느껴 억지로 하루하루 해나갔다. 그리고 증권 동아리답게 내재적 가치가 있는 기업을 분석하여 주마다 Word, PPT 자료로 만들어 발표했다. 또한 이렇게 모인 Word자료는 1년 치를 모아 책으로 만들었다. PPT 발표 후에는 선배들의 무서운 질문이 기다렸고 제대로 답변하지 못하면 선배들은 동아리 수준이 낮아졌다며, 정색하며 우리를 혼내기도 했다. 공부를 목적으로 만든 동아리지만, 놀기도 참 많이 놀았다. 발표준비를 위해 카페에서 모이면 발표준비보다 잡다한 수다를 더 많이 떨었다. 수다는 칼로리 소모가 굉장히 크다. 곧 배가 고파졌고 분식집과 식당을 들렀다. 결국 밤이 돼서야 발표준비를 제대로 할 수 있었다.

어린 시절 노는 것을 좋아하면 게으른 사람이고 곧 가난한 사람이 된다고 교육을 받고 자랐다. 그래서인지 취업준비생 시절 친구들과 놀고나면 죄책감이 들었다. 하지만 살아보니 맘 편히 놀아도 취직은 됐다. 이에 대한 내용은 뒤에 나올 '친구들의 취업'에서 자세히 설명했다.

나와 마찬가지로 동아리 친구들은 남다른 경험으로 특별한 스펙을 만들고 싶었다. 뜻을 모아 우리 동아리에서 전국 기업분석대회를 개최하기로 의견을 모았다. 대회의 개최를 위해서는 돈이 필요했다. 두 팀으로 나눠 후원해줄 수 있는 기업을 방문하여 대회의 목적과 기업이 가질 이익에 대해서 설명했다. 기업들은 다 거절했지만, 몇 번 더 방문했다. 그리고 학생들이 할 수 있는 불쌍한 척은 다했다. 그러자 K은행에서 대회를 개최할 장소를 빌려주었고, M사는 일정금액을 후원해줬다. 마지막으로 각 대학교에 초대장을 보내 참석할 대학교를 선정 후 대회를 무사히 치를 수 있었다. 이 경험은 논리와 설득으로 기업에게 후원을 받았다고 업그레이드해서 자기소개서에 서술했다.

현재는 동아리가 많이 없다. 물론 아쉽지만 내가 몸담았던 동아리도 없어졌다. 그런데 시대에 맞지 않는 경험을 소개한 이유는 혼자서 스펙을 만들어 나가는 것보다 여럿이서 취업 준비를 함께 하면 더 나은 특별한 경험을 쌓을 수 있다는 것을 보여주기 위해서다. 혼자의 힘으로는 전국 대회를 개최할 생각조차 해보지 못했을 것이다. 그리고 추후 면접에 도움 될 PPT 발표도 못했을 것이고 신문은 며칠 읽다 포기했을 것이다. 더 나아가 자기소개에 도움 될 Word작성도 못했을 것이다. 꼭 동아리가 아니어도 좋다. 취업에 대한 목적만 같다면 학과 친구가 됐든 동네 친구가 됐든 SNS에서 모집을 하든 뭉쳐라. 여러 명은 혼자보다 더 참신하고 재미있는 경험을 만들 수 있다. 아울러 더 큰 의지와 끈기를 만들어 준다.

나의 옆에 사람이 경쟁자라고 생각하여 혼자 취업 준비하는 사람들이 있다. 나의 주변에 이러한 유형의 사람들은 취업의 결과가 대부분 좋지 않았다. 옆에 있는 사람은 동지라고 생각하자. 옆 사람 말고도 경쟁자는 수십만 명이니 말이다. 나만 좋은 정보를 가지고 있다고 생각하여, 혼자만 취업정보를 꽁꽁 숨기고 있으면 멈춰라. 당장 공유해라. 자신이 가지고 있는 정보를 오픈할 때 더 많은 정보를 얻을 수 있다는 것을 알았으면 좋겠다. 취업정보를 뿌려라 뿌린 만큼 거둘 것이다.

영어, 가장 하기 싫은 그러나 꼭 해야 하는

우리는 풀지 못한 미스테리가 있다. 초등학교부터 대학교까지 끊임 없이 영어를 배우는데, 결국 영어를 잘 모른다는 것이다. 나도 그 미스 테리에 어떠한 힘도 못써보고 꾸준히 영어를 못했다. 하지만 취업에는 영어가 필요했다. 정말 특별한 스펙이 있으면 영어가 없어도 취직이 된다는 말을 믿고 싶었다.

그래서 특별한 경험을 쌓고 노력했지만, 결국 영어를 할 수 밖에 없 었다. 특별한 경험과 더불어 영어 점수를 갖고 있는 취준생도 많았으 며, 많은 기업들은 토익점수가 없으면 서류에서 탈락시켰다. 뒤늦게 영어점수가 필요하다는 것을 인정했다. 곧바로 토익점수를 올릴 수 있는 학원을 소개받고 다니기 시작했다. 학원에서는 LC(듣기평가), RC(문법, 독해평가)를 빠르게 문제를 풀어나갈 수 있는 스킬 위주의 강의를 하루에 두 시간씩 한 달 동안 진행했다.

평일은 학원 수업을 들었고, 주말에는 영어와 담을 쌓았다. 그 결과 첫 토익점수는 380점이 나왔다. 친구, 선배들은 한, 두 달만 고생하면 토익 800점은 쉽게 나온다고 말했는데, 선배, 친구들이 원망스러웠다. 아니 똑똑하지 못한 내 자신이 원망스러웠다. 자존감이 낮아지는 순간 이었다. 마음을 고쳐먹었다. 먼저 나 자신을 아는 것이 중요했다. 나는 의지가 강한 사람이 아니다. 머리가 좋아서 짧은 시간 안에 무언가를 빠르게 습득하는 사람도 아니었다.

그래서 단기간에 영어점수를 높이기 위해서는 자유롭게 공부할 수 있는 환경보다는 오랜 시간동안 강제로 영어공부를 시키는 스파르타 환경이 필요했다. 수소문 끝에 아침 7시부터 밤 10시까지 가둬두고 스킬 위주의 공부보다는 순수하게 영어를 공부를 시키는 '토익특공대'를 등록했다. 그렇게 나는 특공대원이 됐다. 오전에는 영어를 듣고 그대로 따라하는 연습을 했고, 영어 단어 시험을 봤다. 그리고 어제 공부하면서 궁금했던 것들을 서로 공유하며 궁금증들을 풀어갔다. 점심식사 후 오후에는 토익 모의고사를 보고 점수를 체크했다. 모의고사 점수에 따라 하루하루 기분이 달라졌다. 시험에서 틀린 문제는 다시 틀리지 않도록 오답노트를 만들어 정리했다. 나머지 시간에는 단어를 외우고 자율적으로 공부를 했다. CCTV를 통해 교실에서 잡담을 하거나 잠에 들면 경고를 받았다. 경고 3번이면 특공대원으로서의 자격을 박탈당하고 집으로 가야 했기 때문에 쏟아지는 잠을 참고 또 참았다.

그렇게 한 달을 공부한 결과 토익점수는 600점 또 한 달 뒤는 750점을 달성했다. 그리고 두 달 코스인 특공대를 졸업했다. 그 후에도 토익 그룹 스터디에 참여해서 영어단어 시험과 모의고사 시험을 매일 봤다. 동시에 오픽학원을 다녔다. 그 결과 세 달 만에 토익 820점과 오픽 IM2점수를 얻을 수 있었다. 지인들이 말하는 두 달만 고생하면 얻을 수 있다는 토익 800점이 이렇게 큰 고생을 말하는지 몰랐다. 친구들이 "너 다시 취준생 할 수 있어?" 라고 나에게 물으면, "토익 만료되기 전까지만 할 수 있어."라고 대답했다. 그리고 후배들이 "토익점수 800점은 한두 달이면 충분해요?"라고 물으면 나는 답한다. "외국에서 살다 왔거나, 머리가 천재이거나, 영어가 취미라서 오랜 시간 꾸준히 영어를 공부한 사람이 아니면 두, 세 달은 죽었다 생각하고 영어만 공부해야 가능해" 라며 겁을 준다.

 부정하고 싶지만 취업에 필요한 것들을 하나씩 하나씩 완성해 가면서 조금씩 성장하고 있다는 것을 느꼈다. 기업에서 토익점수를 가진 취준생을 원하는 이유는 유창한 영어실력보다는 토익 800점 이상을 얻기 위한 집중력 그리고 끈기, 열정을 확인하고 싶어서가 아닐까? 라는 생각도 해봤다.

 남다른 경험과 스펙이 있다며 영어점수 없이 취직을 할 수 있다고 믿는 친구들이 있다. 또 본인이 입사하고 싶은 기업은 영어점수를 반영하지 않는다며, 영어 공부를 하지 않는 친구들도 있다. 혹시나 위와 같은 마음가짐이라면 다시 생각해봐야 한다. 영어와 학점은 기본이기 때문에 아무리 특별한 스펙이 있다고 하더라도 기본이 없으면 취직이 어려워진다. 또한 영어가 필요 없는 기업은 한정적이다. 그러므로 영어 점수가 없으면 취업할 수 있는 기회의 폭이 확연히 줄어들게 된다. 부정하고 싶겠지만 취준생의 기본은 영어점수이며, 취준생의 시작과 끝도 영어공부라고 할 수 있다. 이 책을 읽고 있는 취준생 중에 영어점수가 없다면 지금 당장 영어부터 시작해라.

특별한 경험, 누구나 가지고 있는 남다른 경험

 2012년 겨울, 20대 후반의 남자가 내 친구를 만나러 학교에 왔다. BMW를 타고 온 젊은 남자에게 자연스럽게 관심이 갔다. 부모를 잘 만나서? 아니면 자수성가로 외제차를 탈 수 있는지? 의문이 생겨 친구에게 그 남자에 관해서 수차례 물었다. 젊은 남자는 친구의 군대 선

임이고, 재무설계사라는 직업을 통해서 큰돈을 벌었다고 했다. '큰 돈'
이라는 말에 흥분하여 곧바로 친구에게 BMW차주인 형을 소개받고
함께 일하고 싶다고 간청했다. 재무설계사란 직업을 갖기 위한 자격요
건은 넘치는 '열정과 패기' '약간의 금융지식'이 필요했다. 자격요건들
을 두둑이 챙긴 후 그 젊은 남자를 따라서 무작정 서울로 입성했다. 25
살 어린 나이에 아직은 어울리지 않는 양복을 입고 사무실로 출근했
다. 그곳에는 약 20명의 재무설계사들이 있었고 그중에는 억대 연봉
을 벌고 있는 사람들도 몇 명 있었다. 재무설계사의 업무는 교과서적
으로 설명하면, 재무 상담을 통해 쓸모없는 지출을 막아주고 돈 걱정
없는 노후생활을 할 수 있도록 저축성 보험과 혹시 모를 질병을 대비
한 보장성보험을 소개 및 판매하는 직업이다. 결과적으로 보험을 소개
및 판매하는 업무였다.

　매일 아침미팅에서 지점장님은 보험 판매를 위한 동기부여를 시켜
주셨다. 아침미팅이 끝나면 스마트폰에 저장된 지인들에게 연락을 했
다. 연락이 된 지인들과 관계를 형성하고 재무관리의 필요성을 설명했
다. 그 중 관심이 있는 사람이 있으면 직접 만나 재무 상담을 갖고 보
험을 판매했다. 급여의 기본급은 없었다. 보험을 판매하는 만큼 나에
게 돈이 통장에 입금됐다. 억대 연봉을 달성하는 대부분의 선배들은
하루에 잠을 3~4시간씩 자면서 자신의 고객층을 넓혀갔다. 대단한 에
너지와 열정에 존경심이 들었지만 시간이 지날수록 이 직무는 나와
맞지 않다고 생각이 들었다. 짧은 시간이지만 직장생활을 하면서 나는
억대연봉보다는 안정적인 수입, 일과 삶이 구분되는 워라밸(워크앤라
이프밸런스)과 주말이 보장되는 삶을 원한다는 것도 깨달았다. 얼마
후 사직서를 제출하고 광주로 내려와 다시 대학생활을 시작했다.

어설픈 첫 직장생활은 씁쓸하게 끝이 났지만, 큰 경험이 됐다. 지금은 젊은 재무설계사를 주변에서 쉽게 볼 수 있지만, 그 당시에는 젊은 사람이 재무상담의 서비스를 제공하며 보험을 판매하는 일이 드물었다. 그래서 이 경험은 남들과는 다른 나만의 스펙으로 자리 잡을 수 있었다. 그리고 누구나 말하는 억대연봉은 요행으로 쉽게 이뤄질 수 없다는 것도 배웠다.

미래가 불확실한 상황에서 정답이 없는 무언가를 끊임없이 해야 하는 취준생은 정신적으로 무척 힘들다. 그러던 중 친구가 사업을 통해 혹은 어떤 직업으로 큰돈을 벌었다는 소식을 들으면 나도 취준생 대신 그 일을 해볼까? 라는 유혹에 빠지기 쉽다. "취준생만큼만 노력하면 무엇이든지 할 수 있고 큰돈을 벌 수 있을 것 같은데?" 라는 생각도 든다. 하지만 큰돈은 취준생 이상으로 어려운 노력과 운을 통해 얻게 된다. 원하는 취직을 하고 나서 큰돈을 벌어들일 생각을 해도 늦지 않다. 당장 취준생이 힘들어 좀 더 쉬워 보이는 길을 택해서 후회하지 않았으면 한다. 후회할 때는 이미 늦을 수도 있다.

특별한 경험은 말 그대로 남이 하고 있지 않은 '흔치 않은 경험'을 말한다. 그로 인해 나에 대해서 '궁금증을 유발'하게 만드는 경험이다. 그 당시 흔치 않은 재무설계사의 경험을 자기소개서에 서술하자 K은행 인턴 등 기업에서 1차 서류에서 합격할 수 있었다. 또한 면접에서 재무설계사의 대한 질문이 대다수였으므로 질문을 예측하고 좋은 답변을 준비할 수 있었다.

면접을 다녀보면 정말 특별한 경험을 가진 경쟁자들이 많다. 하지만 지금 당장 특별한 경험이 없다고 기죽을 필요는 없다. 자신이 갖고 있는 사소한 무언가를 가지고 특별한 경험을 만들면 된다. 평소 등산을 좋아하는 친구는 특별한 경험을 만들기 위해서 산 정상까지 올라가 오이와 당근을 판매한 경험을 자기소개서에 서술했다. 군대에서 머리를 깎아주던 이발병은 요양원에 찾아가 어르신들의 머리를 깎아주는 봉사활동을 통해 특별한 경험을 만들었다. 자신이 가지고 있는 무언가를 통해서 빠른 시간에 만들어낸 특별한 경험도 지원할 직무와 잘 연결 짓는다면 훌륭한 자기소개서 내용이 될 수 있다. 더 나아가 타인이 나에게 궁금증을 갖고 흥미를 느낄만한 경험일수록 좋다.

2 장
나에게만 특별한 자기소개서

나름대로 힘겹게 준비해서 4학년 2학기 처음으로 취업에 도전했다. 그 결과는 서류탈락이었다. 나름대로 이력서에 쓸 만한 학점, 영어점수 그리고 나만의 특별한 경험으로 한 땀 한 땀 정성을 들이고 고민을 거듭하며 탄생한 자기소개서가 탈락했다. 흔히 말하는 멘붕이 왔다. "역시 지방사립대는 안 되는 건가? 포기할까?" 이렇게 취업준비만 하다가 안 돼서 30대 중반에도 부모님께 용돈을 받으며 생활해야 하나?"라는 별 생각을 했다. 자존감이 또 낮아졌다. 아무리 봐도 몇 번 들여다봐도 내가 쓴 자기소개서는 특별하고 잘 쓴 것 같은데, 왜 떨어졌는지 이해가 되지 않았다. 그냥 운이 나빴다고 생각했다. 그래서 자기소개서의 큰 수정 없이 다른 기업에도 제출했다. 이변 없이 모두 떨어졌다.

운이 나쁜 것이 아니라 내 마음가짐과 생각이 안 좋았다. 인사팀에서 나의 자기소개서를 읽고 정말 특별한 친구라며, 궁금하다며 나를 빨리 보고 싶다고 합격을 시켜줄 것으로 생각했다. 다른 친구들보다 나의 자기소개서가 좀 더 경쟁력을 가졌다고 생각했었다. 하지만 결과는 아니었다. 서류탈락이 현실이니 인정해야 했다. 나와 자기소개서를 같이 공유하자며 먼저 손을 내민 친구에게 나는 싫다고 말했다. 그 이유는 나의 자소서의 특별함을 친구들에게 빼앗기는 기분이 들었기 때문이다.

자기소개서를 공유하는 것은 멍청한 짓이라고 생각했다. 하지만 자기소개서를 열심히 공유한 친구는 나보다 먼저 1차 서류합격을 했다.

과거를 곰곰이 생각해보면 나는 무엇이든지 단 한 번에 쉽게 넘어간 적이 없었다. 학점, 영어 그리고 사랑도 몇 번에 시행착오 끝에 원하는 결과를 얻을 수 있었다. 실패의 주된 이유는 크게 두 가지가 있다. 첫째 정보가 부족해서 '잘못된 방식'으로 접근을 했거나 두 번째는 '편한 방법'으로 좋은 결과를 얻으려고 했기 때문이었다.

내가 최고라고 생각했기 때문에, 더 나은 자기소개서를 쓸 수 있는 정보를 수집하지 않았었다. 몇몇 선배들의 합격한 자기소개서를 훑어보고 나도 이 정도는 쓸 수 있다며 쉽고 편하게 생각한 내가 오만했었다. 인간은 망각의 동물이다. 나도 인간이므로 그 동안 '정보 부족'으로 여러 번 실패의 쓴맛을 봤음에도 불구하고, 또 같은 이유로 실패를 했다.

운의 작용, 노력과 결과는 일치하지 않는다.

합격할 수 있는 수준 높은 자기소개서 작성을 위해서 지방보다 정보가 많이 모인 서울로 올라갔다. 비교적 가벼운 마음을 가지고 서울로 올라올 수 있었던 이유는 눈치 보지 않고 편히 잠잘 곳이 있었기 때문이다. 나보다 먼저 취업에 성공한 가장 친한 친구의 집이었다. 친구는 현재 S사 경영기획실에서 근무 중이다. 이 친구는 나의 취업관에 큰 영향을 미쳤기 때문에 짧게 소개드리고 싶다. 철없던 중학교 시절부터 지금까지 항상 이 친구와 붙어 다녔다. 형제보다 사이가 좋은 친구였다. 하지만 친구에게 불만이 한 가지 있었다. 매사에 대충한다는 것이다. 친구의 말버릇이 있다. "인생 뭐 있냐." "그냥 살자"라는 마음가짐으로 항상 대충을 외치며 살아간다. 고3 수험생 시절에도 대충을 외치며 여유 있게 준비를 했다. 친구가 쏟은 노력에 비해서 운이 좋아 지방 국립대를 무난히 합격했다. 대학교 입학 후에도 일상의 재미와 행복을 위해 살아가고 있었다. 취업에 필요한 대외활동, 자격증, 면접 등 취업 준비를 단 한 번도 하지 않았다. 학교 내 영어동아리는 참여했는데, 동아리에 친구들이 많아서 대학생활을 즐길 수 있다는 이유였다. 그 덕에 취업에 필요한 토익점수는 가지고 있었다. 소중한 친구였기에 남들과 같이 스펙을 쌓으면서 취업준비를 하라며 쓴소리를 할 때면 오히려 나한테 "그렇게 빡빡하게 살아가면 될 일도 안 된다며 최대한 맘편히 살아가라고 말하곤 했다." 그런 친구가 하루는 나를 찾아왔다. 본인이 자기소개서를 써본다는 것이다. 나에게 조언을 구했지만, 친구는 취업을 위해 준비한 것이 전혀 없기 때문에 머리를 쥐어짜도 자기소개서에 쓸 내용이 없었다.

 자기소개서는 특별한 경험과 인턴, 홍보대사 등 내세울 것들이 있어야 쓸 수 있다며 친구를 타박했다. 며칠 뒤 친구는 S사, K사 등 여러 기업의 자기소개서를 작성해 왔다. 자기소개서 작성에 몇 달의 시간과 노력을 투자한 나와 비교하면 2~3일 만에 자기소개서를 작성해온 친구가 정말 대책이 없다고 생각했다. 특히 항공사 자기소개서를 작성한건 시간낭비라고 생각했다. 항공사에 입사하기 위해서는 관련된 학과를 졸업하고 전문 지식이 필요하다고 생각했기 때문이다. 부정적인 생각을 가지고 친구의 자기소개서를 읽어 봤다. 솔직하고 단순했다. K사 지원 동기는 자신이 K사 10년 고객이기 때문에 친근하고 정이 있다는 것이다. S사는 정유시장이 망하지 않을 것 같아서 오랫동안 일할 수 있어서라고 서술했으며, 대한항공은 평소 여행을 좋아하기 때문이라며 정직하게 답했다. 또 다른 질문인 특별한 경험에 대해서는 등산을 올라 갈 때 오이를 챙겨 가는데 혼자 먹는 것보다 남들과 같이 먹는 것이 좋아서 나눠먹는다는 내용으로 질문의 답을 했다.

좋은 자기소개서는 참신해야 하고, 유별나야 하며, 눈에 확 띌만한 자극적인 요소와 문장의 화려한 힘이 있어야 한다고 배웠다. 하지만 친구의 자기소개서는 정말 솔직하고 지극히 평범해 보였다. 마치 평범한 어느 하루의 일기처럼 보였다. 자기소개서를 훑어보고 한심한 눈빛으로 친구를 바라보며 말했다. "이번에는 경험했다고 생각하고 다음 채용시즌에 잘해보자"라며 위로해주었다. 동시에 나는 몇 달간 준비해온 나의 자기소개서를 마저 완성해 나갔다.

일주일 뒤 친구에게 전화가 왔다. 자기소개서가 합격했다는 것이다. 큰 충격을 받았다. 저렇게 2, 3일 대충 준비한 자기소개서가 어떻게 합격을 할 수 있는지 이해가 안됐다. 반면 특별한 경험을 쌓고 여러 사람들에게 자기소개서의 비법을 묻고 또 물어서 몇 달간 준비한 나의 자기소개서는 단 한 곳도 합격한 곳이 없었다.

유년시절 노력만 하면 무엇이든지 다 할 수 있다고 배웠다. 그리고 현대사회는 더 노력한 자가 살아남으며, 노력하지 않는 사람은 질타를 받으며 한심한 사람이라고 취급받았다. 취직하고 싶었다. 그래서 배운 대로 행동했다. 잠을 줄여가며 눈을 뜨고 취업에 도움 되는 무언가를 했다. 여유가 생겨도 맘 편히 쉴 수 없었다. 내가 쉴 때 경쟁자들은 더 성장할 것 같아 취업이 더 멀어지는 것처럼 느껴졌기 때문이다. 그런데 친구를 보며 내가 갖고 있던 가치관이 무너졌다. 노력만으로 되는 세상이 아니었다. 노력과 절실함보다 더 중요한건 '운'이라는 생각을 했다.

그 후에도 친구는 K사, S사 서류 합격에 이어서 H사까지 서류 합격을 했다. 친구는 취직준비를 하지 않았기 때문에 서류합격 후에 이어지는 인적성 시험, 면접 등을 전혀 알지 못했다. 하지만 긍정적인 성격대로 차분히 준비해 나갔다. 자기소개서를 합격한 친구들과 함께 스터디를 만들어 인적성 노하우를 배우고 공부했다. 면접은 따로 준비하지 않았다. 인적성은 S사, K사 두 곳을 합격했으며, 면접은 S사 한 곳에 합격해 최종적으로 S사에 입사하게 되었다. 친구는 최종 면접 경험담을 이야기 해주었는데, 5년이 지난 지금도 기억에 남는다.

보통 일반 면접자라면 짙은 남색 또는 어두운 회색의 조금 넉넉한 정장을 입고, 단정한 머리로 면접장에 도착한다. 하지만 친구는 튀는 화려한 머리에 캐쥬얼한 정장을 입고 면접에 임했다. 면접관 한분이 물었다. "자유분방한 성격에 노는 것을 좋아할 것 같은데, 우리 회사에서 적응할 수 있겠습니까?"라며 썩 좋지 않은 말투로 물었다. 친구의 답변은 "자유분방한 스타일에 노는 것도 좋아합니다. 일도 놀이라고 생각하고 열심히 놀아보겠습니다." 라고 당차고 짧게 대답한 결과 합격을 얻어냈다. 만약 S사만을 위해 몇 년간 취업준비를 한 사람이나, 정말 취업에 간절한 사람은 대답하지 못할 담대한 답변이다. 대충 준비해서 쉽게 임한 면접이기에 이처럼 답변이 가능하다고 생각을 했다. 인생은 참 모르겠다는 생각을 했다. 큰 노력을 통해서 취업에 성공한 사람도 있지만 오히려 대충과 쉬운 태도로 합격한 사람도 있다는 것이다. 이전에는 선배들의 말에 따라 취업은 정답이 있다고 생각했다. 합격할 수 있는 학점, 자격증, 자기소개서, 면접은 정해진 틀과 정답이 있는 줄 알았다. 하지만 친구를 보면서 "합격할 수 있는 보편적인 여러 스펙들도 있겠지만, 합격할 수 없는 스펙들도 없다는 생각이 들었다." 그리고 꼭 내가 투자한 시간에 비례해서 취직을 할 수 있는 것도 아니었다. "즉 취업은 한없이 쉬울 수 있고, 끝도 없이 어려울 수 있다는 것도 알았다."

노하우, 정답이 없다는 건 여러 방법이 있다는 것

앞서 말한 것처럼 취업은 정답이 없지만, 자기소개서에서 지켜야 할 최소한의 기본은 있다. S사를 입사한 친구도 그 기본은 지켰다. 또한 취업은 정답이 없는 만큼 다양한 사람들의 노하우도 있다. 그중 나의 노하우도 있다. 조금 더 쉽고 빠르게 취직할 수 있는 길이 있다면 뭐든지 해주고 싶은 나의 심정을 담아 이 책을 읽고 있는 독자에게 나만의 노하우를 소개하고 싶다.

자기소개서, 동화책처럼

자기소개서를 잘 쓰는 방법은 간단하다. 쉽게 쓰면 된다. 즉 나의 자기소개서가 쉽게 읽히면 된다. 동화책처럼 쉽게 읽혀야 한다. 위 말은 수도 없이 들어봤겠지만, 실제로 어려운 일이다. 하지만 위의 친구의 경험을 교훈삼아서, 쉽게 생각해야 모든 일이 쉬워진다. 지금부터 본인이 쓴 자기소개서가 쉽게 읽히기 위한 구체적인 방법을 몇 가지 알려드린다.

먼저 나의 자기소개서를 읽는 심사위원의 입장을 생각해보자. 심사위원들은 어제도, 오늘도 자기소개서를 몇백 장 읽어야 한다. 내가 공들여 쓴 보물 같은 자기소개서는 그 사람들에게 쌓인 일, 해치워야 할 짐이다. 이 일들을 쉽게 처리할 수 있도록 도와줘야 한다. 즉 심사위원이 나의 자기소개서를 쉽고 빠르게 읽을 수 있도록 도와주는 셈이다. 내가 독자에게 글이 쉽게 읽힐 수 있도록 노력하는 것과 같다. 그래야 독자는 이 책을 끝까지 읽어줄 것이다. 마찬가지로 심사위원도 독자다. 자기소개서가 어렵고 이해가 안 가면 읽다가 던져버릴 수 있다.

지금부터 자기소개서를 쉽게 쓸 수 있는 방법을 알아보자. 먼저 쉬운 단어로, 쉬운 문장을 만들어야 한다. 자기소개서에 어려운 단어를 쓰게 되면 문장도 어려워지고 읽는 사람도 한 번 더 생각을 해야 한다. 심사위원이 속독을 할 수 있도록 최대한 쉬운 단어로, 쉬운 문장을 만들자. 또한 문장을 가능한 짧게 써야 한다. 머릿속으로 글을 읽는 것은 소리 내어 말하는 것과 크게 다르지 않다. 사람이 글을 읽을 때 소리 내어 읽지 않아도, 머릿속에서 말하면서 읽기 때문에 글이 계속 길어지면 읽기에 숨이 찬다. 글이 길어질수록 주어와 목적도 흐려진다. 나중에는 이 글이 말하는 내용이 무엇인지 헷갈리게 된다. 즉 쉬운 단어로 짧은 문장을 만들어야 한다.

두괄식, 결말을 알고 있는 영화처럼

자기소개서는, 첫 문단에 결론을 말하는 두괄식이 좋다. 좋다는 말이지 정답은 아니다. 저자도 가끔씩 자기소개서의 어떤 항목에는 두괄식보다는 끝부분에 중심 내용이 오는 미괄식으로 쓰기도 했다. 하지만 미괄식보다는 두괄식이 쉽게 읽히기 때문에 두괄식을 선호한다. 한 번 봤던 영화보다 두 번 보는 영화는 내용을 더 쉽게 이해하며, 영화에 대해서 깊게 생각 할 수 있다. 그 이유는 결과를 알고 영화를 보기 때문이다. 이처럼 이해가 쉬운 자기소개서의 글은 첫 문단에 결과를 먼저 서술하고, 뒤에 구체적인 내용을 쓰면 완성된다. 아래 두괄식으로 완성한 자기소개서를 참고하자.

[영업직무에 안성 맞춤형 인재로 성장하다.]

지금까지 살아오면서 제 자신에게 가장 적합한 분야가 영업직무임을 확신하고 있습니다. 이에 대한 근거로는 "남다른 협상력 및 커뮤니케이션 역량, 꼼꼼한 분석력을 갖췄기 때문입니다."

남다른 협상력 및 커뮤니케이션 역량은 학과 수업을 비롯하여 학생회 등 조직 활동을 하면서 발견하게 되었습니다. 다양한 팀 프로젝트에서 공동의 목표를 설정하는 문제, 그 목표를 향해 함께 의견을 모으고 우수한 결과를 도출하기까지 저의 남다른 협상력과 소통능력은 큰 시너지로 나타났습니다. 그리고 학생회 활동을 할 때도 이견과 갈등이 발생할 때마다 "서로 간의 의견을 조율하고, 협업체계를 구축하는 데 많은 기여를 하기도 했습니다." 이러한 경험은 조직생활이 중심인 OOO에서 리더로 성장하는 데 큰 밑바탕이 될 것이라고 확신합니다.

영업직무의 경우 꼼꼼한 분석력과 완벽한 업무진행능력이 필수라 생각합니다. 저는 OOO에서 FC업무를 할 때 상품분석 및 고객 재무설계에 있어서 꼼꼼한 분석과 완벽한 업무진행으로 우수한 평가를 받은 경험이 있습니다. 이처럼 "꼼꼼한 분석력과 완벽을 추구하는 업무스타일은 OOO 영업직무에서 단 0.01%의 오류도 발생시키지 않을 것입니다."

충분한 설명, 이해를 돕고 감동을 시키려면

글을 쓰는 사람과 글을 읽는 사람의 정보는 확연히 차이가 난다. 그렇기 때문에 글을 읽는 사람이 내용을 충분히 이해할 수 있도록 그 당시 배경을 충분히 설명해야 한다. 아래는 내가 쓴 자기소개서다. 별 생각 없이 빠르게 읽어보길 바란다.

1) 배경 설명 없음

아버지와 강원도로 여행을 떠났습니다. 강원도에 도착해 방문한 카페에서 아버지와 제가 좋아하는 김범수의 '하루'라는 곡이 흘러나왔고, 저는 오랜만에 느껴보는 여유에 몸이 저절로 박자를 탔습니다. 그런 저를 보시던 아버지는 큰 웃음이 터지셨습니다. 이후 점심에는 함께 자주 즐겨 먹었던 국밥을 맛있게 먹고, 밤에는 하늘의 별을 보면서, 함께 좋았던 일을 떠올리며 미소를 지었습니다. "여행 후 부자는 행복이 행운처럼 일생에 몇 번 오는 것이 아니라 '일상'에 존재함을 알았습니다."

2) 배경 설명 있음

고등학교 3학년 때 보증으로 5억의 부채를 제 가족이 떠안아야 했습니다. 아버지는 결국 우울증에 걸리셨고 날이 갈수록 증상은 심해졌습니다. 아버지를 잃겠다는 생각에 아버지와 저 단둘이 강원도로 여행을 떠났습니다.

강원도에 도착해 방문한 카페에서 아버지와 제가 좋아하는 김범수의 '하루'라는 곡이 흘러나왔고, 저는 오랜만에 느껴보는 여유에 몸이 저절로 박자를 탔습니다. 그런 저를 보시던 아버지는 큰 웃음이 터지셨습니다. 이후 점심에는 함께 자주 즐겨 먹었던 국밥을 맛있게 먹고, 밤에는 하늘에 별을 보면서, 함께 좋았던 일을 떠올리며 미소를 지었습니다. "여행 후 부자는 행복이 행운처럼 일생에 몇 번 오는 것이 아니라 '일상'에 존재함을 알았습니다." 현재 아버지는 우울증을 극복하시고 5억 대신 행복을 얻었다며 좋아하십니다.

1)과, 2)의 내용은 같다. 하지만 주는 이해와 감동은 다르다. 쓴 사람과 읽는 사람의 정보가 가까워지도록 만들어주는 충분한 설명은 읽는 사람에게 더 쉬운 이해와 더 짙은 감동을 준다. 이처럼 읽는 이의 이해를 도울 충분한 설명이 필요하다.

기승전결, 또는 결기승전결

자기소개서 질문에 한정된 글자 수로 답변해야하지만, 답변에 기승전결은 꼭 있어야 한다. 아래 자기소개서는 보통 기업에서 자주 질문하는 성장과정을 서술한 것이다. 두괄식으로 쓴다면 결기승전결이 되겠다.

[5억의 행복]

결(맺을 결): 고객님께 행복한 생활을 제공하려는 OOO에서 근무하기 위해서는 '행복'의 가치를 누구보다 더 잘 알아야 한다고 생각합니다. 제가 5억으로 배운 행복의 가치를 소개하겠습니다.

기(일어날 기): 고등학교 3학년 때 보증으로 5억의 부채를 제 가족이 떠안아야 했습니다. 아버지는 결국 우울증에 걸리셨고 날이 갈수록 증상은 심해졌습니다. 아버지를 잃겠다는 생각에 아버지와 저 단둘이 강원도로 여행을 떠났습니다.

승(이을 승): 강원도에 도착해 방문한 카페에서 아버지와 제가 좋아하
는 김범수의 '하루'라는 곡이 흘러나왔고, 저는 오랜만에 느
껴보는 여유에 몸이 저절로 박자를 탔습니다. 그런 저를 보
시던 아버지는 큰 웃음이 터지셨습니다. 이후 점심에는 함
께 자주 즐겨 먹었던 국밥을 맛있게 먹고, 밤에는 하늘에 별
을 보면서, 함께 좋았던 일을 떠올리며 미소를 지었습니다.

전(바꿀 전): "여행 후 부자는 행복이 행운처럼 일생에 몇 번 오는 것이
아니라 '일상'에 존재함을 알았습니다." 현재 아버지는 우울
증을 극복하시고 5억 대신 행복을 얻었다며 좋아하십니다.

결(맺을 결): 위의 경험을 통해서 얻은 가장 큰 변화는 긍정적인 사고와
태도입니다. 아침에는 힘찬 새소리가 만드는 멜로디, 점심에
는 값싸게 먹을 수 있는 맥도날드 런치세트, 특히 저녁에는
친구들과 둘러앉아 먹는 맥주, 치킨에서 행복을 느낍니다.
특별함이 아닌 소소한 일상에서 느끼는 '5억의 행복'을 동료
들에게 전달하고 조직에 활력을 불어넣어, 공동 목표를 즐
겁게 도달할 수 있도록 도움이 되겠습니다.

　칭찬할 만큼 수준 있는 글은 아니지만, 짧은 글 속에 기승전결이 있
다. 기승전결은 읽는 이가 글에 흥미를 느끼며 자연스럽게 글에 집중
을 할 수 있어 더 쉽게 글을 읽을 수 있다.

본인의 자기소개서가 잘 읽히는 글인지, 확인하기 위한 최고의 방법은 본인이 작성한 자기소개서를 소리 내어 읽어보는 것이다. 소리 내어 읽어봤을 때, 문장이 이해가 잘 되고, 숨이 차지 않다면 괜찮은 글이다. 하지만 읽었을 때 어색하거나 숨이 가쁘면 다시 손봐야 할 자기소개서다. 취준생은 작가가 아니다. 살아오면서 장문의 글을 써본 사람은 많지 않다. 대부분이 그럴 것이다. 그러니 처음부터 완벽한 글을 쓰기는 어렵다. 전문가 수준으로 쓸 필요가 없다. 읽는 사람을 배려하는 마음으로 글쓰기 연습을 반복하고 자기소개서가 완성이 됐다면 지금 당장 소리 내어 읽어보자.

자기소개서 내용, 새로운 경험을 만들지 않아도 되는

우리는 자기소개서에 한 줄이라도 더 쓰기 위해서 다양한 경험을 쌓는다. 그 한 줄도 특별한 한 줄을 만들기 위해 남다른 경험을 해야 한다. 이제부터 그런 부담감을 버렸으면 한다. 앞장에서 소개한 자기소개서 '5억의 행복'도 여러 가족여행과 다를 것 없는 평범한 여행을 미화시켜서 서술했다. 우리는 더 이상 특별한 경험을 만들지 않아도 20년 이상 살아오면서 충분히 많은 경험을 했다. 많은 경험으로 생각이 만들어졌고 그 생각은 나를 성장시켰다. 나를 성장시키고, 나를 만든 경험은 분명 특별한 경험이다. 아래 자기소개서를 참고하면 더 쉽게 이해할 수 있다.

아래 지인의 자기소개서는 K은행을 합격한 자기소개서다.

질문 : 사회가 빠르게 디지털화 되어가는 추세 속에서 최근 기업들이
『인문학적 소양』을 강조하고 있습니다.

그 이유를 사례를 바탕으로 기술하십시오.

답변: [소개팅]

저에게 소개팅은 사람을 새롭게 알게 되는 자리이기도 했지만 새로운 지식을 얻게 되는 자리이기도 했습니다. 처음 만나는 상대 여성과의 대화를 이어나가기 위해서는 서로 공통점이 있어야 수월했고, 저는 그 공통점을 상대방의 전공에 관한 지식으로 만들어 갔기 때문입니다. 성악과 학생과 소개팅할 때는 '오 솔레미오'를 준비했었고, 의류학과 학생과 소개팅할 때는 최근 패션 트렌드에 대해 공부하고 만났습니다. 공통점이 있는 대화로 상대는 저를 쉽게 받아들였고, 호감을 느끼게 되어 좋은 인연을 만들 수 있었습니다.

이처럼 기업들의 업무도 결국은 사람과 사람 사이의 만남입니다. 소개팅에 나오는 상대는 사전에 준비할 수 있지만, 다양한 고객과 소통하기 위해서는 사전에 문학, 역사, 철학 등 다양한 책을 읽고 얻은 인문학적 소양이 필요합니다. 이 인문학적 소양은 폭넓은 배경지식뿐만 아니라 통찰력을 향상시켜 불확실한 고객의 마음을 움직일 수 있는 큰 힘이 될 수 있습니다. 소개팅에서 공통점으로 대화를 이어나가 좋은 관계를 만들어내는 것처럼, 기업이 고객과 우호적 관계를 형성시키기 위해서는 인문학적 소양이 꼭 필요하다고 생각합니다.

평범한 경험인 소개팅에서 깨달음을 얻고 성장할 수 있었다면, 평범한 경험은 특별한 경험으로 거듭난다.

당신이 생각하는 『은행』은 무엇입니까?

답변: [나무가 주는 선물]

더운 여름, 횡단보도 앞 신호등을 기다리는 찰나에 우리의 머릿속에는 '주변에 시원한 은행 없나?'하고 더위를 피하기 위한 목적으로 은행을 찾게 됩니다. 이처럼 은행은 더 이상 단순히 경제주체들의 금융 업무를 처리하는 곳이 아닌 은행 이상의 의미를 가집니다. 때로는 친구와의 약속 장소, 지인과 갑작스레 우연히 만나는 장소가 되기도 하고, 때로는 김연아 경기를 함께 보며 국민이 하나가 되는 감동 실현의 장소가 되기도 합니다. 저는 이렇게 본연의 업무 외에도 우리 삶 속에 녹아 있는 은행을 '나무'에 비유하고 싶습니다. 나무는 가구나 종이를 만드는 재목으로도 쓰이지만, 우리에게 신선한 공기와 그늘로서 여유를 제공합니다. 나무가 주는 선물은 마치 은행이 우리에게 주는 가치와 만족과 같다고 생각합니다. K사라는 나무 그늘에서 고객들에게 또 다른 감동을 선사할 수 있는 K사의 재산이 되겠습니다.

은행에서 인턴, 홍보대사를 하지 않아서 은행 경험이 없다고 생각하지 마라. 은행 인턴과 홍보대사를 겪은 취준생들이 얼마나 많을까? 이들의 답변은 신선하지 않고 오히려 식상하다. 차라리 위처럼 누구나 경험해본 신호등을 기다리면서 드는 생각으로 꼬리를 물어서 은행을 표현하는 방법도 훌륭하다.

이번에는 나의 자기소개서 내용이다. 취업시즌 첫 도전이기에 자기소개서 모든 항목을 특별한 항목으로 채워야 한다는 생각이 있었다. 하지만 그만큼의 특별한 경험이 없었기에 하루 만에 특별한 경험을 만들어서 합격한 자기소개서다.

질문 : 당신이 생각하는 은행은 무엇입니까? 또한 다른 시중은행과 비교하여 직접 내점한 경험을 바탕으로 K사가 나아가야 할 방향을 말하시오.

답변 : 저는 각 은행의 이미지를 파악하고 K은행이 나아갈 방향을 그리기 위해 은행을 탐방했습니다. 여러 은행을 탐방하는데 각 은행마다 이미지에 분명한 차이가 있었습니다. 이 차이를 "어떻게 드러낼 수 있을까?"라고 생각을 하다가 두루마리 휴지를 구입한 후 이를 쓰레기로 만들어서 타 은행 지점바닥에 던져보았습니다. 깔끔하고 차가운 지점 분위기와 고객들이 많이 붐비지 않아서 쓰레기는 곧 티가 났고 곧 직원분이 치우셨습니다. 그 후 K은행을 가서 똑같이 해보았습니다. 그런데 K은행은 타 은행들과 확연한 차이가 있었습니다. 쓰레기를 버렸는데 국민을 위한 친숙한 지점의 분위기와 붐비는 사람들 때문에 휴지조각이 티가 나지 않았습니다. 그래서 그 쓰레기는 오랜 시간 동안 방치되어 있었습니다. 이것을 보고 저는 K은행이 나아갈 방향을 그릴 수 있었습니다. K은행은 국민의 은행을 지향하며 소매금융을 중심으로 사업을 해왔고 소매금융은 이미 1등입니다. 즉 국민들은 국민은행을 타 은행보다 친한 친구라고 생각을 합니다. K은행은 친구가 많고 친한 친구이기 때문에, 친구들을 소홀히 해서는 안 됩니다. 저는 대학시절 K은행의 고객이자 서포터즈, 인턴 활동을 하였고 많은 애정이 있습니다.

저는 대학시절 K은행의 고객이자 서포터즈, 인턴 활동을 하였고 많은 애정이 있습니다. 그런데 휴지 조각이 굴러다니는 것을 고객님들이 보는 것은 저의 마음을 아프게 했습니다. 현재 K은행의 선배님들은 친절하시고 최선과 진심으로 고객을 모십니다. 하지만 서비스업의 기본이 무너진다면 성과는 적을 것입니다. 또한 K은행은 스토리 금융을 지향합니다. 스토리 금융은 기본적으로 고객과의 관계에서 은행에 얼마나 이익이 되는 고객인지를 생각하기보다는 고객의 이익을 최우선하고 진정성을 갖는 것입니다. 기본이 갖춰지지 않으면 스토리 금융은 불가능합니다. K은행은 1등 은행으로서 기본을 튼튼히 다지고 스토리 금융을 지향한다면 우리나라 1등을 넘어서 global bank로 거듭날 것이라고 믿어 의심치 않습니다. 저 또한 k사의 가족이 된다면 언제나 초심을 잃지 않고 진심으로 고객을 대하는 1등 행원이 되겠습니다.

지금 보면 글이 엉망이라서 부끄럽지만, 이 자기소개서는 내가 처음으로 합격한 자기소개서다. 이처럼 특별한 경험이 없다면 급하게 경험을 만들 수도 있다. 그러니 특별한 경험에 집착하지 않았으면 좋겠다. 본인의 20년 인생 속 평범한 경험을 특별한 경험으로 승화시켜라!

추가로 위에 자기소개서는 특별한 경험을 급히 만들어 서술은 잘했지만, 묻는 질문에 제대로 답변을 못했다.

질문 :   당신이 생각하는 은행은 무엇입니까? 또한 다른 시중은행과 비교하여 직접 내점한 경험을 바탕으로 K사가 나아가야 할 방향을 말하시오.

위에 질문에서 묻는 것은 두 가지다. 첫째, 은행은 무엇인가? 둘째, 은행이 나아가야 할 방향은 무엇인가? 이 두 가지 질문에 한 가지 답변만 하면 절대 안 된다. 그리고 본인은 두 가지 답변을 썼다 하더라도 읽는 이가 한 가지 답변밖에 안 보인다고 생각하면 잘못된 답변이다. 이를 방지하기 위해서는 몇 가지 질문이 한 문단으로 되어있어도, 답은 두 질문을 구분해서 두 문단으로 답하는 것이 좋다. 이러한 측면에서 봤을 때 내가 쓴 위의 자기소개서는 정말 잘못된 답변이라고 볼 수 있다. 은행은 무엇입니까? 라는 질문에 답을 안했으니 말이다.

3 장
면접, 다수의 기업들이 선호하는 이미지

각 기업이 선호하는 이미지는 다르다고 말한다. 하지만 그렇지 않다.

입사한 선배들 그리고 면접스터디에 친구들은 가끔 "A기업은 부드러운 이미지를 좋아한다. B기업은 카리스마 있는 열정적인 이미지를 좋아한다. 그래서 면접 질문에 답변도 기업마다 다르게 준비해야 한다." 라는 말을 하곤 했다. 정리하자면 각 기업마다 원하는 이미지가 있다는 것이다. 그들의 말을 믿었다. 그래서 어떤 기업은 스마트한 이미지로, 어떤 기업은 친근한 이미지로 질문 답변을 준비했다. 쉽지 않았다. 20년의 세월을 걸어오며 만들어진 말투, 억양, 인상, 추임새 등을 수시로 바꾸며 연기를 할 수 없었다. 바꿀 수 있다면 취업이 아니라 연기자 오디션을 봐야 한다고 생각했다.

그러나 취직을 한 후 회사생활을 겪어보니, 한 회사의 비슷한 이미지의 사람들만 존재하지 않았다. 정말 다양한 성향의 사람들이 같은 직장을 다니고 있었으며, 저런 사람이 어떻게 이러한 이미지를 추구하는 회사를 들어왔지 라는 생각 또한 많이 했다. 그래서 추후 재취업을 도전할 때 각 기업이 선호하는 특정 이미지로 나를 꾸미는 것이 아닌, 모든 기업들이 좋아할 수 있는 이미지를 만들어 면접에 임했다.

결과적으로 기업마다 원하는 특정 이미지는 없지만, 다수의 기업들이 선호하는 이미지는 있다. 물론 기업마다 인재상이 있지만, 대부분의 기업들이 원하는 인재상은 같다. 모든 일에 열정적이고 정도의 길만 걷는 정직한 인재상 말이다.

하지만 위에 부합하는 인재상을 가진 사람은 드물다. 만약 가졌다면 후세에 위인으로 기록될 수 있다. 일반 사람이라면 살아가면서 몇 번의 거짓말도 했다. 갈 수 있으면 정도의 길이 아닌 더 쉬운 길로 갈 수 있는 고민도 했을 것이다. 또한 본인이 좋아하고 추구하는 일에 열정적이지만, 모든 것에 열정적일 수는 없다. 하지만 우리는 취업을 위해서 대부분 기업이 선호하는 사람으로 거듭나야 한다.

기업의 인재상은 너무 이상적이다. 면접관님도 알고 있다. 그래서 인재상을 기반으로 본인의 감으로 합격을 시킨다. 면접관님은 40년~50년 살아온 팀장급이 대부분이다. 팀장님들은 수많은 직원들을 평가해왔다. 그 결과 "어떤 인상을 가진 부류의 사람들은 대체적으로 괜찮은 사람이었어, 어떤 말투와 행동을 가진 사람은 성과가 좋은 사람이었어." 라고 경험으로 축적된 '감'으로 합격과 불합격을 결정한다. 그래서 면접의 합격과 불합격은 3초만에 결정된다는 말이 있다.

그럼 고민해보자. 우리가 20년 이상 살아오면서 좋았던 인상을 가진 사람은 누구였는지? 면접관과 우리의 생각은 크게 다르지 않다. 다만 면접관들은 우리보다 2배 더 살아온 만큼, 우리가 괜찮다고 생각하는 사람들을 2배 더 봤다. 더 많이 본 만큼 본인의 생각에 '확신'을 가지는 것뿐이다.

일반적으로 괜찮은 사람이라고 평가되는 사람은 거짓말을 하지 않는다. 시간 약속을 잘 지키며, 책임감이 있다. 아무 자리에서나 가볍게 행동하지 않는다. 즉 말을 함부로 하지 않는다. 등등 더 많다. 이러한 좋은 이미지를 가지고 있는 사람을 우리는 가까이서 찾을 수 있다. 바로 아나운서다. 결과적으로 우리는 아나운서와 가까운 이미지를 만드는 연습을 해야 한다.

음성, 전현무처럼

"3초만에 면접의 합격 불합격이 결정된다." 라는 말이 직장생활을 할수록 신뢰가 간다. 나 또한 상대방의 첫인상을 보면 "이 사람은 어떤 사람이겠다."라는 생각이 저절로 들기 때문이다. 즉 면접관들은 더더욱 첫인상으로 사람을 판단할 것이다. 첫인상을 좌우하는 가장 큰 것은 음성 그리고 인상이다.

먼저 음성은 아나운서를 따라하면 더 나은 음성을 가질 수 있다. 뉴스를 전달하는 아나운서의 음성은 듣기 편하며, 신뢰가 있기 때문이다. 나는 집과 학교가 멀어서 유지비용이 적게 들어가는 중고차 카렌스를 300만 원 주고 구입했다. 그리고 매일 아침 집에서 학교로 이동할 때에는 전현무의 굿모닝 FM을 들었다. 전현무가 밉상캐릭터로 자리를 잡았지만, TV에서 캐릭터를 만든 것뿐이지 실제 면접에서 전현무의 목소리는 면접관에게 완벽한 신뢰감을 줄 것이다. 전현무의 라디오를 들으면서 그의 말투, 음성, 말의 높낮이까지 모든 부분을 따라 말하려고 노력했다. 물론 라디오가 재미있었기 때문에 집중해서 듣다가 조금 지루해진 부분이 나오면 전현무의 목소리를 최대한 따라서 말했다. 학교 수업 질문 등 발표에도 전현무를 생각하며, 그와 비슷하게 말하려고 흉내 냈다. 그렇게 3개월을 따라 해보니 이전보다 나의 음성과 말투가 더 신뢰감 있으며, 안정적으로 들렸다.

이왕이면 무언가를 준비할 때 재미있게 하고 싶다. 스피치 학원을 다니며 돈과 시간을 들여서 힘들게 배우는 것보다는 재미있는 라디오와 함께 자연스럽게 습득하는 방법을 적극 추천한다. 독자들이 최대한 고생하지 않고 조금이라도 쉽게 취업을 준비했으면 좋겠다. 그래서 이 방법을 여러분들에게 적극 추천한다. 오늘부터 아나운서가 진행하는 라디오나 youtube를 듣고 따라하자.

인상, 살아온 흔적을 바꿀 순 없지만

사람의 인상은 쉽게 변하지 않는다. 약 20년 살아오면서 만들어진 인상이기 때문이다. 인상이 아주 좋으면 다행이지만 대부분의 사람은 사연이 많은 삶을 살아오면서 입이 처지기도 하고, 눈꼬리가 올라가기도 한다. 즉 살아온 삶의 모든 태도 그리고 마음가짐이 360도 변하지 않는 이상 단기간에 인상은 바뀌기 쉽지 않다. 그렇다면 우리는 무엇을 할 수 있을까?

우리가 바꿀 수 있는 하나는 자연스럽게 웃는 방법이다. 웃음이 자연스럽다는 것은 이 사람은 웃음이 많다는 것이고, 웃음이 많다는 것은 긍정적인 사고를 가지고 있는 사람이라는 것을 뜻한다. 긍정적인 사람은 기업에 좋은 영향력을 끼친다. 힘든 사회생활에서 피폐하고 지치고 부정적으로 변해버린 선배들에게 긍정적인 사고와 웃음을 전달한다면 조직은 더 나아질 것이다. 실제로 많은 기업이 신입에게 바라는 것이다. 조직, 팀에 생기를 불어 넣는 것! 긍정적인 사람은 어느 기업이건 OK이다.

거울 보고 웃는 연습을 하자, 대부분의 취업준비생들은 "어떤 질문에 어떻게 답을 해야 하는지를 연구하고 많은 고민하지만 사실 우리는 웃는 연습과 목소리 연습을 해야 한다. 그게 더 시급하다. 어떤 취준생은 웃음일기를 썼다. 자신의 블로그에 웃는 모습을 사진 찍어 매일 기록했더니, 실제로 웃는 모습이 자연스러워 졌다고 한다. 위의 연습을 통해 얻게 된 자연스러운 웃음과 신뢰가 있는 음성은 한평생 살아가는 데 더 나은 삶을 선물할 것이다.

아직 시간이 비교적 여유가 있는 취준생이라면 자주 웃을 것을 권하고 시간이 없다면, 거울을 보며 수없이 웃음을 반복하자, 웃는 모습을 셀카로 찍어 SNS에 게시하자. 자연스러울 때까지 웃어보자. 덤으로 웃으면 행복도 찾아온다. 물론 취직도 된다. 1석 2조다. 이제 막 취업을 준비하는 취준생이라면 어떤 물음에 어떤 답변을 해야 할지 고민은 뒤로 미루고 좋은 음성과 말투 그리고 좋은 인상을 만드는 웃는 연습을 하자.

바보 같은 대답, 동문서답

자연스런 웃음과, 좀 나은 음성을 만들었다면 이제 바보 같은 대답만 하지 않으면 된다. 바보 같은 대답이란 동문서답을 하는 것을 말한다. "김○○ 씨는 이 회사에서 이루고 싶은 꿈이 뭐죠?" "저는 대학시절부터 둥글둥글한 성격으로 친구들과 구김 없이 잘 지내는 것이 제 장점입니다. 이러한 저의 장점을 내세워 선배님들과 잘 어울리며 회사생활에 플러스 요인이 되는 구성원이 되고 싶습니다."

바로 위의 대답이 바보 같은 대답이다. 분명 질문은 회사 내에서 꿈을 물어봤는데, 답변은 회사에서 어떤 구성원이 되고 싶다. 라고 대답했기 때문이다. 묻는 말에 제대로 답변해야한다. 평소에는 "저렇게 대답하는 바보가 어딨어?"라고 생각하지만, 막상 면접장에 들어가면 긴장을 하고 심장이 두근두근거려서 면접관의 말을 제대로 이해하지 못한다. 이러한 상황에서 묻는 질문에 바로 대답하기 쉬운 방법은 두괄식으로 답변하는 것이다.

위의 질문에 다시 대답하겠다. "저는 임원이 되는 것이 꿈입니다." "어린 시절부터 혼자보다는 함께하는 것이 익숙합니다. 언제나 혼자보다는 함께했을 때 더 나은 성과가 나왔기 때문입니다.

이처럼 회사에 입사한 후 선배, 후배님들과 같이 성과를 만들어가고 공을 같이 나누고 그렇게 제가 임원을 하고 싶어서 억척스럽게 올라가는 것이 아닌, 인정받고 존경받아 동료들이 등 떠밀어서 억지로 임원을 맡는 직장인으로 성공하고 싶습니다." 두괄식으로 대답하면 질문에 좀 더 정확한 답변을 할 수 있다. 만약 질문이 헷갈린다면, 질문을 한 번 언급해주는 것도 좋다. "꿈이 무엇이냐고 질문해주셨습니다."

라고 대답하며 질문을 명확히 확인하고, 생각할 시간을 벌어 더 나은 답변을 만들 수 있다.

우리 아버지는 했던 말을 자주 하신다. 아무리 좋은 말이라도 말이 반복되면 잔소리가 돼버린다. '사랑해'를 빼고는 다 그렇다. 우리는 면접관한테 사랑해라는 말을 반복해서 할 수 없으니, 정말 중요한 말을 제외하고는 반복하지 말자. 말하려는 핵심에 약간의 살만 붙여 자신감을 가지고 대답하자. 듣는 사람은 말이 길어지면 지루해지며, 이 말이 어떤 내용을 전달하려고 하는지 이해하기 힘들어진다.

취준생 시절 K은행 PPT 공모전에 참가했다. PPT에 영상을 삽입했는데, 지금 내가 봐도 참 감동스럽게 잘 만들었다. 그 PPT와 영상을 본 심사위원들은 돈을 주고 영상을 만든 것이라고 의심하고 내게 물었다. "영상이 무척 감동스럽고 잘 만들었는데, 혹시 영상 제작 전문 업체에 맡긴 것 아닌가요?" "요즘 그런 친구들이 간혹 있던데?" 라고 묻자 예상하지 못한 질문에 당황해서 정말 길게 주절주절 설명했다. 그러자 심사위원님들의 분위기가 무거워지면서 내 답변에 아무 대꾸도 안하시고 질문하던 마이크를 내려놓았다.

지금 생각하면 말이 길어지니 변명이라 생각했고, "업체에 맡겼구나."라는 확신이 생겼던 것 같다. 직접 발표를 준비한 팀원들과 함께 머리를 맞대며 손수 만들었는데 말이다. 몇 년이 지났지만 지금도 후회가 된다. "아닙니다! 저희들이 만들었습니다! 오해할 정도로 저희가 잘 만들었다니 좋게 봐주셔서 감사합니다." 라고 짧게 대답했다면 그 공모전에서 일등을 했을지도 모른다. 면접관의 질문도 비슷하다. 어떠한 질문이든지 긴 장대한 답변보다 짧고 자신감 있는 답변이 면접관에게 신뢰감이 있는 인상을 준다. 1~2분의 짧은 답변은 불리한 질문에 더 힘을 발휘한다. "김○○ 씨는 학점, 영어점수, 다 어중간하네. 그럼 일도 어중간하게 하겠어요?" 라고 물으면 "맞습니다. 학점, 영어점수는 어중간합니다. 하지만, 이력서에 표시되어 있지 않은 제 자신감은 어중간하지 않습니다. 자신감은 조직에서 큰 역량으로 발휘될 것이라고 확신합니다!" 라고 짧고 자신감 있게 말하면 된다. 앞의 대답은 분명 올드하고 느글느글한 멘트이지만 면접관들은 저런 모습을 좋아한다. 기억하자! "짧게, 자신 있게"

언어 7%, 비언어 93%

커뮤니케이션에서 언어는 7% 나머지 93%는 비언어가 차지한다는 말이 있다. 사실인지는 모르겠지만 이러한 말이 나올 만큼 비언어적 요소는 중요하다. 유년시절 나는 엄마한테 혼이 나거나, 매를 맞아야 하는 순간이 오면 "죄송합니다." 라는 말과 함께 두 손을 싹싹 빌었다. 그래야 '정말 죄송합니다. 때리지 말아주세요. 아파요' 라는 나의 간절한 마음이 상대방에게 전달되기 때문이다. 그리고 오랜만에 친구를 만나면 반가움의 표시로 악수를 하거나, 포옹을 한다. 반가움을 더 짙게 표현하기 위해서다. 면접에서도 비언어적인 요소는 중요하다.

비언어, 1)눈빛

대부분의 사람은 상대방을 볼 때 먼저 눈부터 쳐다본다. 눈빛이 곧 첫인상이라고 할 수 있다. 연기자처럼 말의 내용에 따라 힘을 줬다 풀어줘야 한다. 특히 면접장에 들어와 처음 자신을 보이는 1분 자기소개서 및 지원 동기 답변을 할 때는 눈에 힘을 주고, 초롱초롱한 눈빛과 자신감 넘치는 눈빛을 보여줘야 한다. 힘 하나 없이 눈을 흐리멍덩하게 뜨면, 아무리 1분 자기소개에서 열정이 넘친다고 말해도 면접관은 믿어주지 않는다. 다른 면접자가 답변을 할 때에는 면접관의 미간이나 인중을 바라봐도 괜찮다.

면접관이 나의 답변에 반박하거나 압박 질문을 할 수 있다. 그럴 때에도 자신감 있고 여유 넘치는 눈빛을 해야 한다. 눈빛은 마음의 거울이다. 내 마음이 자신감이 없으면 불안함과 두려움의 눈빛으로 나타난다. 그러니, 자신감을 가져야 한다. 자신감을 갖기 위해서는 본인이 쓴 자기소개서를 기본으로 가상질문들을 만들어 답변을 수없이 연습해야 한다. 연습할수록 자신감은 배가 된다. 아무리 연습을 많이 했다고 한들 당연히 '모르는 질문'이 나온다. 그럴 때는 자신 있게, "면접관님 앞에서니 긴장이 됐는지, 답변이 생각나지 않습니다. 다음번에 답할 기회가 생긴다면 10배 더 나은 답변 드리도록 하겠습니다."라고 말하면 된다. 모르는 답변이 나올까봐 안절부절 두려워하지 마라. 자신감을 가져라. 자신감을 가지면 눈빛은 초롱초롱 살아날 것이다.

비언어, 2)고개

소통의 중요성은 누구나 알고 있다. 소통을 잘하기 위해서는 경청이 가장 중요하다. 직장 내에서 부하직원 말을 듣지 않는 사람은 꼰대가 된다. 윗사람 말을 무시하는 사람은 시간이 흘러 조용히 조직에서 사라진다.

이처럼 중요한 '경청을 잘한다는 것'을 면접관에게 표현하고 어필해야 한다. 어필할 수 있는 방법은 '목'에 있다. 과하지 않고 덜하지도 않게 약 10도 정도면 고개를 끄덕이면 된다. 모든 사람의 말에 끄덕여야 한다. 면접관, 면접자가 말하는 어떠한 말에도 쉼 없이 고개를 끄덕여라. 그러면 어느 누군가는 너의 고개가 흔들리는 모습을 보고 플러스 점수를 줄 것이다.

대화 내용이 무엇이건 중요하지 않다. 상대방의 말을 듣고 고개를 위아래로 흔들어라.

비언어, 3)손짓

우리는 친구한테 소주 한 잔 하자는 표시를 손짓으로 한다. 마치 잔을 들고 있는 듯한 손 모양을 만들고 입으로 한 잔 들이키는 시늉을 한다. 정말 소주 한 잔을 간절하게 만드는 손짓이다. 역시 면접에서도 손짓을 활용하면 나의 말을 더 효과적으로 전달할 수 있다. 나는 면접에서 1분 자기소개를 할 때 손을 많이 사용했다.

- 1분 자기소개 -

"마우스를 쥐고 한 번 클릭하는 것보다 두 번 클릭해 실행하겠습니다.
안녕하십니까. (박수 짝짝) 더블 클릭맨 김○○입니다.
아무리 머릿속에 좋은 생각이 있더라도 이를 생각으로 끝내면 허무한
허상에 불과합니다. 이를 알고 저의 생각들을 행동으로 옮기며 살아왔
습니다.

첫째, 블라블라, 둘째 블라블라, 셋째 블라블라의 생각을 실천으로 옮겨
이러한 성과를 이뤘습니다.

현재 제 머릿속에는 "(면접을 보는 기업의) 매출에 큰 영향력을 끼치는
사원이 되고 싶다." 라는 생각을 하고 있습니다. 이 또한 (큰 박수 짝짝)
더블 클릭으로 실행하여 꼭 이루겠습니다.

위 1분 자기소개를 가지고 모든 기업에 똑같이 면접을 봤다. 많은 면
접을 다니면서 다른 지원자들의 특별한 1분 자기소개를 봐왔다. 홈쇼
핑으로 본인을 소개하는 것, 춤, 노래로 소개하거나 심지어 눈물을 흘
리는 사람도 봤다. 이렇게 다양한 면접자들 중에서도 손짓인 박수를
활용한 1분 자기소개는 면접관의 관심을 끌었다.

"1분 자기소개가 중요한가요?" 라고 물어보면 나는 중요하다고 답한
다. 어떤 일이든지 시작이 반이다. 1분 자기소개를 잘한 면접자는 자연
스럽게 면접관에게 관심을 받는다. 나보다 1분 자기소개를 잘한 다른

면접자에게 관심이 쏠리게 되면 나는 기가 죽고 자신감이 사라지고 위축된다. 그 결과 면접은 악순환을 그리다 결국 망한 면접이 될 수도 있다. 반대로 본인이 1분 자기소개에서 경쟁자들보다 더 이목이 집중 되고 면접관의 관심을 받으면 자신감은 더 올라가서 면접이 끝날 때 까지 좋은 컨디션으로 더 나은 결과를 받을 확률이 크다.

신뢰감이 배어있는 음성, 자신감 있는 눈빛, 손짓을 활용한 1분 자기 소개로 면접관을 사로잡고 면접의 선순환을 그리자.

최종합격, 비장의 카드를 꺼내든 면접

O사 1차 면접에서 한 지원자가 1분 자기소개를 했다. 자신감 있는 눈 빛과 목소리로 "이 물건이 무엇인지 아십니까?"라고 물으며 USB를 주 머니에서 꺼내 가리켰다. 당연 면접관들은 그 USB를 보며 무슨 물건 인지 궁금해했고, 그 지원자에게 이목이 집중됐다. 그리고 지원자는 답변했다. "이 USB는 2년 전 O사 취업설명회에서 질문을 한 자신에게 꼭 입사하라며 인사과 직원분이 주신 선물입니다. 남이 보기엔 하찮은 USB일지 몰라도, 이것을 보며 힘들어도 열심히 준비해서 이 자리까 지 왔습니다." "꼭 사원이 돼서 제가 받았던 의미 있는 USB를 저 또한 O사에 입사를 희망하는 취업준비생들에게 나눠주고 싶습니다." 라고 말했다. 물론 나는 위에 소개해드린, 더블클릭으로 1분 자기소개를 했 지만 이 지원자의 말에 깊은 감명을 받았다. 그리고 나도 사람들의 이 목을 끌 수 있는 무기, 즉 도구를 준비해야겠다는 생각을 했다.

1차 면접이 끝난 후 2차 면접에서는 위 USB처럼 면접관을 사로잡을 나만의 강력한 필살기가 필요하다는 것을 느꼈다.

거의 동일한 기간에 H사에서 다대다 면접을 봤다. 면접관 3명 지원자 4명으로 어렴풋이 기억난다. 더블 클릭의 내용으로 1분 자기소개를 했다. 곧이어 면접관은 나에게 질문을 했다. 며칠 전 O사 면접에서 받은 비슷한 질문이었다. 예를 들면 "직장상사가 부당한 일을 시키면 어떻게 할 것인가?" "본인의 장점과 단점" 등등 여러 기업들이 면접 질문지를 공유하고 있다는 생각이 들었다. 이 면접에서 기억에 남는 질문은 자신은 어떤 동물과 비슷한가? 라는 질문이었다.

이러한 유형의 예상치 못한 질문은 우리를 당황하게 만든다. 결국 어버버 말하게 되고, 끝내는 이상한 답변을 하게 만든다. 그 이유는 면접에서 더 창의적이고 나은 답변을 하려고 욕심내기 때문이다. 그럴 필요 없다. 욕심을 버려라. 간단히 대답하면 된다. 본인이 생각했든, 친구들이 불러줬든 누구나 본인을 닮은 동물은 하나씩 있다. 나는 귀가 커서 원숭이를 닮았다. 그래서 답변했다.

"저와 비슷한 동물은 원숭이입니다. 면접관님들도 제 귀를 보고 눈치채셨을지 모르지만, 어린 시절부터 친구들에게 원숭이와 닮았다는 소리를 많이 들었습니다. 오래전부터 들어온 원숭이가 저와 익숙하고 비슷하다고 생각합니다. 이렇게 간단하게 답변했다. 또 다른 사람의 답변은 "늑대입니다. 늑대는 한 여자만 사랑한다고 들었습니다. 저는 한 여자만 사랑하며 평생 한 직장만 애정하며 다닐 생각입니다." 라고 답변했다. 결과는 원숭이의 '승'. 굳이 꾸미려 하지 않아도 된다. 꾸며야 하는 부분은 1분 자기소개, 지원동기, 직무 관련된 사항이다. 이러한 돌발질문은 참신한 답변도 좋지만 핵심은 당황하지 않고 자신 있게만 답변하면 된다.

　나는 운이 좋게도 H사, O사 두 회사의 1차 면접을 동시에 합격했다. 합격한 두 회사의 직무는 확연히 달랐다. H사는 손해사정사 4급의 직무였으며, O사 직무는 영업관리였다.

　O사 직무는 크게 두 가지로 나뉜다. 술집 사장님을 상대로 영업을 하는 상권관리와 술을 납품하는 도매사를 상대로 영업을 하는 도매관리다.

　두 기업 중 한 곳만 선택해야 하는 과정에서 무엇이 더 나에게 맞는 직무인지 결정하기 쉽지 않았다. 그래서 어떤 직무가 나에게 더 맞는지 직접 현장에서 답을 찾고 싶었다. 그날 밤에 화려한 간판으로 번쩍거리는 상권에 도착해 술집들을 방문했다. 술집 사장님과 이런 저런 대화를 나누면서 내가 O사의 영업사원의 업무를 잘할 수 있을지 물었다. 그러자 흔쾌히 이 일이 힘들지만 잘해내겠다고 말씀해주셨다. H사의 직무보다 O사의 직무가 나와 더 잘 맞겠다는 확신이 들었다. 미래의 내 고객이 나를 인정해주는데, 더 이상 고민할 필요가 없었다.

　동시에 면접 필살기 도구를 만들 수 있는 아이디어도 떠올랐다. 전지를 들고 술집들을 돌아다니며 사장님께 해당직무를 잘해내겠다는 응원의 글, 사장님들이 O사에게 바라는 글 등을 전지에 적어주시라고 부탁드렸다. 그리고 전지의 내용이 거짓이 아님을 증명하기 위해서 사장님들과 함께 찍은 사진을 인화해 전지에 붙였다. 필살기를 준비하는 데 걸린 시간은 고작 3시간 정도로 기억한다.

나름 준비한 필살기와 함께 O사 2차 면접을 보러 갔다. 필살기가 있어서 1차보다 자신감이 넘쳤었다. 그것도 잠시 면접장에 도착하니 임원들이 면접관으로 참석하자 무거운 분위기에 자신감이 줄어드는 느낌을 받았다.

1차 실무진 면접에서 1분 자기소개를 했지만, 2차 임원면접의 면접관이 바뀐 관계로 다시 지원자들은 1분자기소개로 면접을 시작했다. 이어서 지원동기 질문에 답변했다. 지원동기를 들으신 부사장님은 압박질문을 하기 시작했다. 한 지원자에게는 "당신은 리더십이 전혀 없어보이는데, 본인이 어떤 부분에서 리더십이 있는지 물어봤다." 지원자는 답변했고, 그 답변은 팔로워십에 가깝다며 자기 자신을 너무 모른다고 하고 질문은 끝났다. 그리고 O사에서 실패한 병맥주를 언급하며 마셔본 경험이 있던데, 어떻게 생각하는지 물었으며, 그 병맥주에 대한 긍정적인 답변을 하면 거짓말을 하는 사람으로 몰고 갔다. 맛없다고 하면 눈치를 줬다. 이런 것이 바로 압박면접이었다. 어떤 대답을 하건 계속 사람을 궁지로 모는 압박면접.

나에게도 부사장님이 질문을 했다. 말도 안 되는 질문이었다. "얼굴이 주류영업과는 안 어울린다. 안 맞으면 시작을 안 하는 것이 낫다."라는 질문이었다. 사실 필살기 도구를 가졌기 때문에 어떤 질문도 대답할 준비는 돼있었다. 나는 답변했다.

"저는 사실 H사1차 면접에 합격한 상태입니다. 사장님 말씀처럼 O사의 직무를 제가 소화할 수 있을지 확신이 안서서 현장에 나가서 이 일이 저와 맞는지 직접 상권에서 술을 직접 판매하시는 사장님께 물었습니다. 그 결과 "면접관님은 저의 얼굴이 주류 영업에 안 맞다고 보셨지만, O사가 섬겨야할 고객님들은 제가 주류영업에 적합하다는 말씀을 해주셨습니다." (전지를 펼치며) "이게 그 증거자료입니다." 사장님들이 전지에 적어주신 현재 O사의 영업사원보다 더 잘해내겠다는 응원의 글과 O사에 바라는 글을 보여드리며 보충설명도 간략하게 말씀드렸다. 그러자 부사장님은 나에게 어떠한 질문도 하지 않으셨다. 물론 다른 면접관들도 나에게 어떠한 질문도 하지 않았다.

부사장님은 몇 번의 질문을 통해서 다른 지원자를 알아갔지만 나에게는 단 한 번의 질문뿐이라서 합격할 수 있을지 의문점이 생겼다. 일주일 뒤 나온 결과는 합격이었다.

O사 외에도 여러 회사의 면접을 보면서 위 필살기로 합격을 이끌어냈다. 추후 재취업, 이직 면접에서도 전지의 필살기를 사용한 면접에서는 100% 합격했다.

자신만의 비장의 카드를 가지고 있어야 한다. 면접에 참여한 경쟁자들 중에 입이 딱 벌어질 정도로 특출난 사람은 거의 볼 수 없다. 서울대를 비롯한 명문대를 나왔다고 해서 면접에서 큰 역량 차이를 볼 수 없다. 다 거기서 거기다. 하지만 약간의 차이는 존재한다. 그 약간의 차이는 나만이 쥐고 있는 카드가 있냐는 것이다. 나를 조금 더 나타낼 수

있는 카드. 항상 기억하기를 바란다. 나만의 비장의 카드를 준비해서
면접에 임해라.

토론, 100분 토론은 신의 영역

TV에서 방영하는 100분 토론을 시청하면 토론자들은 대단해보인다.
상대방의 말에 즉각 반응해서 반론을 제시하며, 모든 발언에는 타당한
이유가 있어 설득력이 있다. 실제로 토론을 자주 경험하지 않고, TV에
나오는 수준급의 토론만 보고 자란 우리는 '토론' 두 글자만 들어도 어
렵다는 생각이 든다. 하지만 면접에서 요구하는 토론은 생각보다 쉽다.

토론, 면접의 진행 방식

토론 면접에 참여하는 인원은 찬성팀과 반대팀으로 나뉜다. 그리고
토론 주제와 관련된 문제를 보여주는 기사를 나눠 주고 몇 분 동안 생
각할 시간을 준다. 토론이 시작되면 먼저 한사람씩 찬성 또는 반대의
입장을 밝히고 간단한 근거를 드는 기조발언을 한다. 그리고 본격적으
로 토론이 시작되고, 자신의 주장과 근거를 말한다. 그러면 상대방은
반론인 주장과 근거를 말하는 방식으로 토론면접은 이뤄진다.

토론, 면접의 평가 점수

기업은 토론면접에서 두 가지를 심사한다. 첫째는 상대방의 말을 존중하는 사람인가. 둘째는 설득력이 있는 사람인가. 평가 항목을 더 잘게 쪼개보면 몇 번의 횟수 동안 주장을 펼쳤는지, 토론을 이끌어가는 리더인지, 팀 의견에 힘을 실어주는 팔로워인지, 존재 없는 사람인지. 주장을 할 때 말투, 태도, 자세가 불량한지 등등 한없이 많다. 우리에겐 면접의 작은 부분까지 살피며 토론 면접에 소비할 시간이 많지 않다. 토론 면접에서 좋은 점수를 받는 방법을 간략하게 설명하고자 한다.

토론, 면접의 합격 노하우

앞장에서 언급했던, 면접에서 첫인상을 좌우하는 음성, 미소, 자신감은 토론 면접, PPT 면접 등 다양한 종류의 면접에 모두 해당한다.

먼저 토론면접은 올바른 '태도'를 가져야 한다. 올바른 태도는 상대방의 의견을 존중하는 마음가짐이다. 상대방 말을 존중하는 사람인가를 표현하는 방법은 '비언어적' 측면에서는 '고개'를 끄덕이는 방법과 '언어' 측면에서는 어느 정도 공감을 의사표현 하는 방법이 있다.

예를 들면 상대측이 "남북통일에 찬성합니다. 그 이유는 남북통일은 경제적인 문제를 뛰어넘어 우리의 역사와 민족을 하나로 합치는 당연한 일이라고 생각하기 때문입니다." 라고 말했다면 상대방이 발언하는 동안에는 고개를 끄덕인다. 상대방의 의견이 완전히 끝난 후 나는 "상대측에서 말씀하신 우리의 역사와 민족을 다시 하나로 합친다는 말은 저도 상당히 공감합니다. 하지만 우리의 삶에 깊게 연관 있는 경제를 한 번 생각해봐야 합니다."라고 '공감 후 주장'으로 답변해야 한다.

주장의 내용도 중요하지만 더 중요한 것은 상대방의 말에 존중하고 나의 주장을 이어가는 '태도'가 중요하다. 앞으로 취직해서 사회생활을 시작하면, 다른 생각을 가진 상대방을 설득하며 업무를 해야 한다. 설득에 앞서 나의 태도가 불량하거나 상대방의 의견을 무시하는 태도를 보인다면, 내가 아무리 좋은 논리를 가지고 있더라도 상대방을 설득하기 쉽지 않다.

토론면접은 나와 생각이 다른 사람들과 대화할 마음가짐이 준비되어 있는지를 확인하기 위한 목적이 있다.

올바른 태도는 마음가짐도 중요하지만 몸가짐 또한 중요하다. 토론면접에서 다리를 떨거나 펜을 굴린다면 상대방은 정신이 산만해져 토론에 집중을 하지 못한다. 더불어 이러한 행동들은 본인의 마음이 불안하거나, 초조함을 드러내는 꼴이 된다. 이런 경우 토론의 우위는 상대방이 점할 확률이 크다. 그 결과 나의 대한 신뢰는 낮아지고, 말의 설득력도 떨어질 것이다. 이를 방지하기 위해서는 허리를 펴고 한 손은 허벅지에 올려놓고 한 손은 펜을 들고 종이에 '무언가'를 적으면 된다.

그 무언가는 상대방의 질문이나 나의 주장과 근거를 간략하게 적으면 된다. 특히 서로가 긴장한 상태에서 대화를 주고받기 때문에 상대방 또한 목적이 정확하지 못한 질문으로 혼란을 주게 된다. 그러므로 펜을 들고 상대측 질문의 요점을 종이에 간략하게 메모해야 한다.

상대팀 질문: "남북통일을 하면 장기적인 측면에서 경제가 더 나아진다고 생각하는데, 경제적인 이유 때문에 남북통일을 다시 한 번 생각해 봐야 한다는 것은 어떤 의미인지 궁금합니다."

이처럼 헷갈리게 질문한다면 종이에 질문의 요점인 "장기적인 측면 경제이익 도움 된다. 그런데, 왜 경제적 이유로 통일 안 돼' 라고 적는다. 더 간단하게 단어만 적어도 괜찮다. '경제적 문제 이유' 이렇게 말이다. 발언을 하기 전 종이에 적힌 질문을 확인하고 답변하면 좋다. "경제적인 측면에서 문제가 되는 면을 말씀드리겠습니다."

나는 남북통일 반대에 대한 주장을 한다면 종이에는 아래와 같이 적을 것이다.

반대
• 경제 ⋯ 복지수준 하락
• 문화차이 ⋯ 분열
• 언어 ⋯ 시간필요

그리고 종이에 적은 간략한 반대내용을 보며 아래와 같이 말할 수 있다.

현재 남북통일은 반대합니다. 그 이유는 첫째, 경제적 측면입니다. 대한
민국 국민조차 선진국의 복지를 구현하지 못하는데, 우리나라 자본이 북
한에 투입된다면 우리나라 복지는 물론 국민의 삶의 질 또한 떨어질 수
있습니다. 둘째, 문화적 차이입니다. 북한은 공산주의 체제, 한국은 민주
주의 체제에서 반백년을 살아왔습니다. 통일을 한다면 오랜 세월에 생긴
문화 차이는 또 다른 분열을 불러올 것입니다. 셋째, 언어입니다. 한 민족
이지만 분단 몇십 년이 지난 지금, 완벽한 소통이 힘듭니다. 언어는 곧 그
나라의 근본이라고 들었습니다. 위 3가지의 이유로 당장의 통일보다는 장
기적인 측면에서 바라보고 통일을 천천히 이뤄가야 한다고 생각합니다.

토론에 익숙하지 않은 우리는 당장 논리적인 답변과 대화를 하기 힘
들다. 하지만 종이에 키워드 몇 개만 정리를 한다면 그렇지 않은 사람
보다는 더 논리 정연한 주장을 할 수 있다. 자신의 생각을 종이에 단어
로 정리하는 연습을 하는 것을 추천한다.

마지막으로 토론면접에서 자신의 주장을 끝까지 고집하지 마라. 토
론시간이 끝날 때 까지 자기주장만 내세우는 사람들이 있다. 토론은
절충안을 만드는 것이지, 내 의견이 무조건 정답이라는 것을 입증하는
자리가 아니다. 자기주장이 너무 강한 사람은 직장생활을 하기 힘들
다. 직장은 여러 사람들과 의견을 조율하며 함께 일을 하는 공간이다.
조직에서 융화될 사람이 필요한 회사는 자기주장만 끝까지 고집하는
사람을 원하지 않는다.

발언도 많이 하지 마라. 발언을 많이 한다는 것은 상대방의 주장에 단 1도 공감하지 않는다는 인상을 줄 수 있다. 그러니 약 2~3번 정도의 과하지 않은 횟수의 발언을 통해 자신의 주장과 근거를 충분히 말하고 그 이상 발언하는 것은 추천하지 않는다.

보통 토론 시간이 짧아서 토론의 결론이 나지 않을 것이다. 즉 면접관은 결론을 보려고 토론 면접을 보는 것이 아닌, 토론 중에 태도를 보는 것이다. 만약 독자가 찬성 입장에 있다고 하더라도, 찬성 입장의 우세한 결론보다는 토론 중 태도에 신경을 더 쓰기를 바란다.

PPT 면접, 입사 후에도 필요한 PPT 발표 능력

PPT 면접을 요구하는 기업은 많지 않기 때문에 간단하게 노하우를 공유하고 싶다.

PPT 면접의 노하우는 첫째 스토리가 있어야 한다. O사 인턴시절 한 달간 본인이 담당한 상권에서 이뤄낸 성과를 PPT로 설명하는 면접이었다. 나는 PPT 첫 장에 미운오리 새끼 그림을 넣었다. 그림을 보면서 설명드렸다. "이 상권에서 저는 미운오리 새끼였습니다, 그러나 여러 활동을 통해서 오리가 될 수 있었습니다." 마지막에는 더 다양한 활동들을 통해서 상권의 사장님들에게 사랑받는 "백조가 되었다." 라는 나만의 스토리를 넣어 심사위원들이 지루해하지 않고 이해가 쉬운 발표를 했다. 이처럼 미운오리 새끼 스토리가 아니더라도 PPT 면접에서 스토리와 직무내용을 접목시켜 발표하고, 면접관에게 기억되는 면접자로 거듭나야 한다.

둘째 자연스러워야 한다. PPT를 발표하기 전 대본을 달달 외우는 사람이 있다. 이러한 사람의 대다수는 실제 발표할 때 국어책을 읊는 것처럼 딱딱한 분위기를 낸다. 로봇 음성이 PPT의 글씨를 읽는다고 생각하면 듣는 사람의 불편하고 지루한 심정을 쉽게 이해할 수 있다.

자연스러운 발표를 위해서는 작성한 PPT 페이지마다 발표할 내용을 기록한다. 기록한 내용 중에 핵심단어만 빨간색으로 칠한다. 이 작업이 완료되었으면 꼭 말해야 하는 핵심단어만 외워둔다. 즉 문장 전체를 외우는 것이 아닌 핵심단어만 외워서 PPT 발표를 할 수 있도록 연습을 한다. 그렇게 하다 보면 매번 연습할 때마다 말도 바뀌고 발표 스타일도 바뀌지만 핵심단어는 포함되어 있어 전달하려는 발표의 내용은 뒤바뀌지 않는다. 또한 듣는 면접관은 당신의 자연스러운 발표에 집중을 할 것이다.

셋째, 글보다는 사진을 활용해라. PPT는 책이 아니다. 글로 채워진 PPT는 발표하지 않아도 된다. 면접관이 직접 PPT를 읽고 이해하면 되기 때문이다. 사진이 80% 글이 20% 비율의 PPT 자료가 발표의 이해를 돕는 시각적 자료가 된다. 20%의 글은 결론과 뒷받침할 이유를 간소하게 쓰면 된다.

PPT 면접을 연습하면 면접에도 유용하지만, 취직 후 누구에게나 찾아오는 PPT 발표의 기회를 잘 살리고 직장 선배들에게 인정을 받을 수도 있다. 항상 기억하자 PPT 면접을 포함한 모든 면접의 기본은 자신감이다. 자신감 있는 표정, 자신감 있는 목소리!

4 장
첫 취업 그리고 퇴사, 중고신입의 재취업

친구들의 취업

친구들과 비교하면 27살 이른 나이에 취업을 했지만, 여전히 나는 취업시장에 관심이 많았다. 이유는 힘겹게 입사한 회사지만 재취업을 해야 하는 상황이 그 누구에게나 올 수 있기 때문이다. 그래서 나는 취업을 했음에도 불구하고, 취업시장에서 고군분투하는 취준생 친구들의 모습을 유심히 지켜봤다.

경쟁률이 높고 괜찮은 기업의 취업을 목표했던 친구들은 대부분 괜찮은 기업에 취직했다. 어른들이 하시는 말씀인 목표를 높게 잡으라는 말씀이 머릿속에 스쳐지나갔다. 예를 들어 삼성을 준비한 친구는 LG에 입사했고, 농협중앙회를 준비했던 친구는 국민은행을 입사했다. 거꾸로 국민은행을 준비했던 친구는 농협중앙회에 입사했다. 한전을 준비하던 친구도 근로복지공단에 입사를 했다.

경험상 과반수 이상의 지인들이 목표에 크게 벗어나지 않는 회사에 입사했다. 즉 목표를 높게 잡고나면 기간이 얼마나 걸리든 입사하려고 마음만 먹으면 된다는 것이다. 자신이 비교적 지방의 수준 낮은 사립대에 재학 중이라고 해도 스스로 목표를 낮게 설정하지 말자. 해보지도 말고 포기하지 말자.

본인의 가장 가까운 사람의 말은 포기를 불러일으킨다. 먼 사람의 말보다는 가까운 사람의 말이 더 현실적으로 선명하게 들리기 때문이다. 지방사립대를 졸업한 나도 아버지가 취업시장이 힘들다는 소리를 듣고, 남들보다 빠르게 아무 직장이나 취직해서 돈을 벌고 결혼할 준비를 하라고 말씀하셨다.

집안의 사정이 좋지 않다고 해도 당장 굶어 죽을 정도가 아니면 욕심을 내야 한다. 당장 현실이 힘들다고 욕심을 내려놓고 현실과 타협하지 말자. 다른 것들은 몰라도 '취업'에 관해서는 말이다. 원하는 꿈이 있고, 그 꿈에 다가가기 위한 직장이라면 더욱더 끈질기게 도전해 보자.

하지만 본인이 입사에 필요한 최소한의 자격요건도 갖추지 않고 목표만 높게 설정하면 안 된다. 한 친구는 취업에 필요한 토익점수를 만들지도 않고, 높은 목표를 설정해서 본인이 전혀 만족하지 못하는 기업에 입사했다. 결국 최소한의 요건인 영어, 자격증 등은 갖춰놓고 욕심을 부려야 한다는 것이다.

입사하고 싶은 기업이 있다면, 떨어져도 또 다시 도전하고 또 도전해야 한다. 그러면 결국엔 된다. 목표로 한 기업과 비슷한 기업이라도 입사한다. 이 책의 말을 믿어라. 그리고 떨어질수록 더 단단한 내공이 생기는 것이라고 생각해라, 능력치가 올라간 너 자신을 믿어라. 취업준비를 하는 과정에서 자기 자신을 혹사시키지 않았으면 좋겠다. 취업을 준비하는 시작부터 열정으로 전력질주를 하는 친구들을 봤다. 물론 영어와 자격증 등은 바짝 전력질주를 하는 것이 당연하다. 하지만 그 외 자기소개서 작성, 면접 준비 등은 숨 쉴 여유를 가지고 준비를 해도 무방하다. 아침 7시에 일어나지 않아도 된다. 아침 10시에 일어나서 아점을 먹고 자기소개서 작성, 취업스터디, 인적성 공부 등을 하고 저녁에는 친구와 혹은 선배들과 약속을 잡고 밥을 한 끼 먹으며 스트레스를 풀고 집에 와서는 드라마를 보고 취침해도 된다. 그렇다고 4일 놀고 3일 취업 준비하라는 소리가 아니다. 균일한 리듬을 갖고 꾸준히 취업 준비를 하면 된다.

앞에서 말했듯이 나는 지방대를 나왔기 때문에 조금이라도 쉬면 남들보다 뒤떨어지고 취업에 실패할 것이라고 생각했다. 그래서 첫 취업도전에서는 아침 7시에 진행하는 그룹스터디를 하기도 했다. 그리고 밤 10시를 넘어서 집에 들어가도 맘이 편하지가 않았다. 잘못된 행동이다. 첫 회사를 퇴사하고 다시 취직을 준비하는 시점에는 오후 1시에 밖을 나가서 스터디 두 개를 진행하고 집에 들어와 저녁을 먹고 친구들을 만나며, TV를 보다 잠에 들었다. 이렇게 여유를 가지고 준비를 했을 때, 완성도 높은 자기소개서가 완성됐다, 면접 질문의 괜찮은 답변도 문득문득 생각이 났다. 그리고 사람들을 만나면서 세상 돌아가는 정보와 함께 사회 현황, 기업채용 소식 등 여러 잡다한 정보들이 생겨서 취업하는 데 도움이 됐다. 그 결과 두 번째로 준비한 자기소개서는 많은 기업들에 합격을 했고 면접도 수월하게 합격했다.

사회초년생 적응 실패, 취업준비생으로 도망친 나

27살 젊은 나이에 O사 인턴으로 입사해 3개월의 테스트 과정을 거친 후 정직원 전환이 됐다. 그리고 전주지점으로 발령이 났다. 첫 회사 생활이기 때문에 두려움보다는 패기와 설렘이 컸다. 드디어 선배들처럼 정장을 입고 후배들에게 맛있는 밥을 사줄 수 있고, 부모님께 용돈도 드릴 수 있다. 독립할 수 있는 경제력을 가진 남자친구가 됐다고 여자친구에게 자랑할 수 있다. 하지만 우리가 대학교를 입학했다고 혹은 20살이 넘었다고 바로 어른이 될 수 없듯이 아직 취준생과 크게 다르지 않은 사회 초년생이었다.

회사에서는 신입사원에게 중요한 일을 시키지 않는다. 회사생활은 어떠한 실수도 용납하지 않는다고 하지만, 신입사원은 조그마한 실수를 하더라도 선배들이 어느 정도는 용인해준다.

가끔 선배들은 신입사원에게 '에이스'라는 말을 한다. 이 말은 신입사원에게는 최고의 칭찬이다. '에이스'라는 말을 들으려면 업무의 역량도 중요하지만 업무를 배우려는 적극적인 자세 즉 질문을 많이 하는 사람. 눈빛이 살아있는 사람, 팀 내에 선배들에게 싹싹한 모습으로 팀에 융화되는 사람을 '에이스'라고 한다. 지금은 문화가 많이 바뀌었지만, 신입사원은 회식자리에서 선배들이 따라주는 술을 다 마셔도 취하지 않고 분위기를 띄우는 그런 후배가 에이스란 소리를 듣기도 했다. 에이스는 자연스럽게 선배들과 친밀한 관계를 유지하게 되고 업무에 있어서도 노하우를 쉽게 전수받거나, 업무의 실수가 있어도 선배들은 관대한 모습을 보인다.

에이스가 되고 싶었다. 그래서 누가 시키지도 않는 업무를 늦은 시간까지 했으며, 술자리도 자주 참석했다. 그렇게 선배들과 나은 관계를 만들어갔다. 물론 영업관리가 직무인 나는 거래처 사장님들과 늦은 시간까지 관계를 형성해 나갔다. 주말에는 피곤한 몸으로 잠만 잤던 것 같다. 결국 에이스란 소리를 들으며, 동기들보다 먼저 중요한 직무를 맡을 수 있었고, 더 중요한 거래처를 담당할 수 있었다. 욕심이 과했다. 오버를 했다. 장거리 마라톤과 같은 직장생활에서 나는 처음부터 전력질주를 하고 있었다. 너무 힘들었다. 취업이 끝나면 다 해결될 것 같았던 인생이 다시 고난의 시작이었다. 사회생활을 버텨낸 선배들이 너무 존경스러웠다. 취업준비는 전쟁이고 직장생활은 지옥이라더니, 딱 맞는 말이었다. 전쟁에 가고 싶지도, 지옥에 남아있기도 싫었다. 혼란스러운 시간을 8개월 가까이 지속했다.

처음 경험해보는 사회생활이 힘들었다. 그래서 부모님, 친구, 선배들에게 힘들다고 토로했다. 하지만 직장생활이 다 그렇다며 조금만 버티면 괜찮아진다며 나를 위로했다. 여기서 못 버티면 다른 직장에서도 못 버티고 퇴사하게 된다고 겁을 주기도 했다. 가끔씩 도피처로 사업을 해볼까라는 생각을 했다. 하지만 그것도 정답이 아니었다. 경제적으로는 조금 여유가 생겼지만 그 외에는 어느 하나도 나아지지 않았다. 스트레스가 심해졌다.

직장인들끼리 만나면 자신의 회사를 욕하기 바쁘다. 서로 힘들다며 서로 위로를 바란다. 모든 회사가 다 거기서 거기로 보였다. 내가 이곳을 퇴사해도 다른 회사에 똑같이 힘들 것이라고 생각이 들었다. 하지만 희망을 버리기 싫었다. 분명 나와 잘 맞는 회사가 있을 것이라고 희망을 가졌다. 눈으로 직접 확인하고 싶었다. 다른 회사들도 다 똑같은지, 나와 맞는 회사는 정말 없는지 말이다. 2017년 8월 나는 사표를 제출했다. 다시 전쟁터에 나온 것이다.

사표를 내고 나니 덜컥 겁이 났다. 다시 취업할 수 있다는 보장이 없었다. 회사를 그만두지 말고, 다니면서 준비하라는 선배들의 조언이 생각났다. 하지만 나는 두 가지 이유로 과감히 그만뒀다.

첫째는 타인에 대한 미안함이다. 집중해서 업무를 가르쳐주시는 좋은 선배들에게 죄송했다. 퇴사를 생각하는 내가 팀에 피해를 끼칠 수 있다고 생각을 했다. 두 번째는 내가 처해있는 상황이다. 신입사원인 나는 업무 하나를 해결하는 데 많은 시간이 걸렸다. 그래서 야근을 할 때가 있었으며, 간혹 술자리가 있는 날이면 당일은 물론 그 다음날까지 컨디션이 안 좋았다. 즉 취업준비를 할 수 있는 시간이 부족하다고 판단했다. 위 두 가지 이유로 사표를 냈고, 퇴사까지 3주의 시간이 걸렸다.

재취업, 마음가짐의 중요성

재취업을 준비하면서 가끔 1차 서류전형에서 떨어질 때, "회사를 다니면서 준비했으면 좋았을 것을" 이라고 생각해본 적 있지만 팀장님께 무모하게 사표를 냈던 그때의 내 행동에 후회를 하지 않는다. 다만 죄송하다.

재취업 준비에 앞서서 몇 가지 다짐을 했다. 첫째, 조바심을 내며 아등바등하지 말자. 취업을 위해서는 열정과 노력이 최고라며 밤새도록 준비해도 부족하다는 어느 누군가의 말을 믿지 않기로 했다. 나보다 더 열정과 노력을 쏟아 부은 사람보다 내가 먼저 취업을 했다. 노력이 중요하긴 하지만 노력과 취업이 비례하진 않았다. 다만 1차 서류합격에 필요한 영어점수, 자격증 취득에 필요한 노력은 필요했다. 둘째, 정보를 모아보자. 혼자 다 알고 있다고 생각하지 말자, 취업을 준비하는 여러 사람들을 만나고, 필요하다면 돈을 내고 취업학원이라도 등록해서 취업에 필요한 정보를 얻고 싶었다. 셋째, 기업을 선택해서 가자. 점수에 맞춰서 대학교를 들어갔다. 그러니 꿈이 없었다. 전공 학문도 재미있지 않았다. 오직 취업을 위한 발판이라고만 생각했다. 실수를 반복하고 싶지 않다. 명문대를 다니는 친한 친구가 남들처럼 취업을 준비하지 않고 돌연 외국으로 떠났다. 이유를 물었는데, 하고 싶은 일을 하고 싶다고 했다. 후회하고 싶지 않다고 했다. 그 친구는 결국 또래 친구들보다는 꽤 늦게 취업을 했지만 본인이 원하는 직무를 하면서 더 많은 돈을 벌고 있다. 나 또한 나와 맞는 회사와 직무가 필요했다. 이를 위해서는 나를 알아야 했다. 당장의 취업보다는 나는 어떤 사람이고, 내가 원하는 것은 무엇인가를 찾아야 했다. 그리고 합격한 기업 중 최대한 나와 맞는 기업을 선택해서 입사하고 싶었다. 위 세 가지 다짐을 통해서 쉽게 그리고 영리하게 나를 위한 취업을 하고 싶었다.

처음 취업에 도전하시는 분들도 내가 재취업을 하면서 가졌던 마음가짐으로 첫 취업에 도전했으면 한다. 겉으로 보기에는 여유 있는 자세로 취업까지 오랜 시간이 걸릴 것이라고 생각되겠지만, 결국 더 빠르고 쉽게 취업을 할 수 있을 것이다. 또한 자신과 맞아서 오랜 시간 근속할 수 있는 회사에 입사할 수 있을 것이다.

　퇴사 후 한 달은 막 취업한 친구들을 만나서 반은 놀고 반은 현재 취업시장의 분위기와 정보를 얻었다. 그리고 직장인의 로망인 늦잠을 맘껏 잤다. 아침 11시에 일어나서 아점을 먹고 1시에 집 앞 카페를 가서 자기소개서를 몇 줄 써놓고 저녁엔 친구들을 만나서 수다를 떨며 여유를 즐겼다. 그리고 산과 바다를 가서 나는 누구이며, 어떤 삶을 원하는지 나 자신에게 물었다. 나 자신과의 대화가 어색했고, 원하는 답은 못 찾았지만 자신과 가까워지는 느낌이 들었다. 사람인지라 이렇게 놀아도 되나 싶었지만 될 사람은 다 되더라! 나는 될 사람이야 라는 '근거 없는 자신감'을 보이며 마음의 안정을 되찾았다.

　'근거 없는 자신감'은 매우 중요하다. 없어도 있어 보이는 사람이 돼야 한다. 옷을 구입하러 상점에 들러도 있어 보이면, 점원은 웃으며 나에게 서비스를 제공한다. 면접도 뭔가 있어보여야 뽑힌다. 특히 근거 없는 자신감은 무언가를 도전하게 해준다. 예를 들면 지방대 출신이 서울대 학생들이 주로 우승하는 공모전에 참가할 수 있는 용기를 주고, 명문대를 졸업해도 취직하기 힘들다는 대기업 입사에 도전할 수 있는 원동력이 된다. 그 도전에서 한계를 느끼고 다시 노력해서 뛰어넘을 수 있도록 에너지를 주는 것도 바로 근자감이다. 근거 없이 자신감을 마구 내뿜어라. 이성친구들도 당신에게 매력을 느낄 것이다. 중년의 나이의 근자감은 문제가 될 수 있지만 20대의 근자감은 있으면 있을수록 좋다.

그룹스터디, 나 혼자 산다는 없다.

요즘 TV에 '나 혼자 산다.'를 방영하지만, 혼자 집에서 거주할 뿐 밖에 나가 여러 사람들과 시간을 보낸다. 더욱이 TV 속이 아닌 일상에서 나 혼자 할 수 있는 것은 많이 없다. 혼자 여행을 가더라도 지나가는 사람에게 정보를 물어야 하며, 인터넷 카페를 통해서 함께 투어를 다니기도 한다. 거의 모든 기업에서도 팀을 만들어 업무를 수행한다. 현대사회에서 고독한 천재는 사라지고 있다. 그 이유는 함께하는 것은 혼자 하는 것보다 더 나은 결과를 도출하기 때문이다. 이를 알기에 퇴사하자마자 그룹 스터디에 참여했다. 본인의 자기소개서를 팀원들에게 공유하고 서로 첨삭을 해주는 6명으로 구성된 스터디였다. 스터디에서 L사와 K사가 오디션을 통해서 1차 서류합격을 할 수 있다는 정보를 얻었다. 먼저 K사 스타 오디션은 자신을 설명하는 PPT 1장을 제출하고, 제출한 PPT가 합격되면 K사 면접장에서 본인을 PR하면 된다. L사 괴짜전형은 본인의 괴짜자료를 제출해야한다. 괴짜자료는 본인만의 차별화된 경험으로 내가 괴짜라는 내용으로 채운 PPT다. 취업의 문에서 서류합격이 가장 힘들기 때문에 더 도전을 해야겠다는 생각을 했다. 나는 스타가 아니다. 물론 괴짜도 아니다. 하지만 경쟁에서 다 이길 수 있다는 "근거 없는 자신감"으로 도전을 했다.

취업을 위한 정식적인 루트 외에 합격할 수 있는 또 다른 쉬운 길이 있다면 도전해야 한다. 그래야 취업의 확률이 높아진다. 쉬운 길 중 하나를 설명하자면 취업설명회다. 공채를 모집하는 기업들은 전국 대학교에서 취업설명회를 개최한다. 꼭 참석해서 기업 정보를 얻고, 가능하다면 인사담당자에게 눈에 띌 수 있도록 개인적으로 질문을 드리는 것도 팁이다. 나는 O사 취업설명회에서 개인적으로 질문을 드렸고 취업에 필요한 많은 팁을 얻었다. 또한 나의 이름을 기억해 가셨다. S사를 취업한 친구도 S사 채용설명회를 참여해 인사담당자에게 여러 질문을 드렸더니 인사담당자는 친구의 이름을 적어갔다. 이처럼 취업을 더 쉽게 할 수 있는 길은 분명히 있다. 영리하게 취업을 한다는 것은 다양한 방법을 통해서 기업의 문을 두드리는 것이다.

취업을 좀 더 쉽게 할 수 있는 루트인 스타오디션, 괴짜전형은 단 PPT 몇 장으로 나를 표현해야 했다. 그래서 나를 영업의 스타, 영업의 괴짜를 컨셉으로 간략히 표현했다. 보험영업, 주류영업의 경험을 풀어내 L사 괴짜전형 합격, K사 스타오디션 합격으로 다른 취업준비생보다 쉽게 1차 서류합격을 할 수 있었다. 독자는 저자가 특별한 경험이 있기 때문에 합격을 했을 것이라고 생각하지만 아니다. 나와 같은 전형으로 서류에 합격한 사람들을 만날 자리가 있었는데, 어느 분은 곤충채집을 하는 취미로 합격을 했고, 다른 분은 먹는 차를 직접 판매를 했던 경험으로 합격을 했다. 그리고 랩을 좋아해서 랩으로 본인을 표현한 지원자도 합격을 이끌어냈다. 앞서서 언급했듯이 특별한 경험은 언제든지 바로 만들 수 있다. 본인의 무한한 가능성을 믿어라. 본인이 조금 남들보다 잘한다고 생각하는 것을 며칠에 걸쳐 개발하고 이를 특별한 경험이라고 면접관에게 소개해라. 친구 중 한명은 여름에 기차를 타고 다니면서 사람들에게 미니 선풍기를 판매했다. 이와 같이 단 며칠 동안 만들어낸 경험을 살려서 취업에 성공한 사례도 있다.

나의 선택으로 이루어진, 짙은 삶

두 달 동안 주말을 제외하고 하루 4시간 정도 취업준비를 했다. 일상에 담긴 나의 생각들을 자기소개서에 담백하게 담아냈고, 취업스터디를 통해서 나의 자기소개서를 공유하고 수정해나갔다. 더불어 O사의 경험을 자기소개서에 담았다.

재취업을 한다고 생각했을 때, 나와 맞는 기업을 선택해서 입사하겠다고 생각했다. 그래서 기업 홈페이지를 참고하고, 지인들을 통해서 기업 정보를 얻었다. 이렇게 얻은 정보를 기반으로 나와 맞는 기업이라고 생각되면 자기소개서를 작성했다. 하지만 오직 단 하나의 기업만 자신과 맞다고 판단하여 올인 하면 위험하다. 여러 가능성을 두고 이 정도면 괜찮겠다. 라고 생각하는 10개 정도의 기업을 선정해 준비하는 것을 추천한다.

내가 입사하고 싶은 기업을 판단하는 기준은 첫째, 역량의 개발이다. 입사 후 직무를 통해서 역량을 키울 수 있고, 나의 가치를 올릴 수 있는 회사인가를 판단해야 한다. 둘째, 기업문화다. 군대문화는 나를 의기소침하게 만들며, 숨 막히게 만든다. 그리고 동료를 욕하는 직장분위기 또한 외롭고 무섭다. 또한 업무의 강도가 강한 기업은 야근이 잦아지고, 연차나 휴가가 자유롭지 못하다. 셋째, 급여다. 노동의 대가로 받는 급여가 부당하면 직장생활이 힘들어진다. 중요한 것은 초봉보다 연봉상승률이다. 신입사원의 급여보다 주임, 대리 과장, 차장의 급여가 중요하다. 즉 연봉상승률이 높은 회사에 입사해야 한다. 직급이 올라감에도 불구하고 급여가 신입사원과 크게 차이가 나지 않는다면 회사에 불만이 생기고, 오래 근무할 수 없다.

물론 세 가지 모두 만족할 수 있는 회사는 찾기 힘들다. 있다면 신의 직장이라 불리는 직장이다. 신의 직장과 최대한 가까운 회사에 취직하기 위해서 노력해야 한다. 세 가지 중에 두 개라도 괜찮은 회사, 그것도 아니면 단 하나라도 괜찮은 회사를 찾아 입사지원을 해야 한다.

글을 읽고 있는 독자도 자신만의 기업을 선택하는 기준을 만들어서 선택하고, 입사하기를 바란다. 아무 능력도 없더라도 근거 없는 자신감을 가지고 선택해라! 타인의 소리대로 따라가는 인생보다 실패하더라도 본인의 선택으로 이루어진 삶이 더 가치 있고 더 짙은 삶이라고 생각한다.

위의 기준을 가지고 선택을 통해서 H사, O사, L사, K사, H사 등등 자기소개서를 제출해 합격했다. 1차 합격률은 약 70%~80% 정도 됐다.

중고신입의 면접, 다른 질문 다른 대답

H사 1차 서류를 합격 후 면접에 임했다. 다대다 면접이었다. 중고신입으로 면접을 보면 항상 물어보는 단골 질문 있다. 전 회사의 퇴사 이유다. 과장을 조금 보태면 면접에서 유리하게 답변할 퇴사 이유를 수백 번 생각했다. 결국 나의 결론은 "솔직한 답변을 하는 것"이었다.

면접관들의 직위는 팀장급 이상이다. 즉 면접관들은 매년 수도 없이 직원들을 평가한다. 그러므로 나름대로 자신만의 평가 기준을 세웠을 것이고, 사람의 진정성을 보는 눈도 생겼을 것이다. 사회 초년생인 내가 거짓말을 하면 분명 알아차릴 것이다. 만약 퇴사 이유를 속여서 취업을 해도, 입사 후 똑같은 이유로 다시 퇴사할 수 있는 가능성이 있다.

H사 역시 퇴사 이유를 나에게 질문했고, 주류회사에서 일을 하면서, 술이 싫었다고 말했다. "제가 좋아하는 제품을 판매하고 싶다"라고 솔직하게 답변했다. 결과는 합격이었다.

그 후 또 다른 H사 면접에 참석했다. H사의 면접은 PT 면접이 있다. 면접관님이 문제를 주고 이를 해결할 수 있는 방안을 PPT로 작성해 발표하는 면접이었다. PT면접도 토론면접과 같다고 생각하면 된다. 먼저 왜 문제가 발생했는지를 설명하고 해결 방법 및 결론을 제시한다. 그 다음은 나의 결론에 도달할 수 있는 근거를 제시한다. 근거는 보통 우리나라 문화, 사회의 트렌드, 회사의 강점으로 채우면 완성된다. 그리고 다시 결론을 말하면 된다.

짧은 시간에 창의적인 결론을 도출하기 쉽지 않다. 그리고 창의적인 답변을 내놓으면 면접관이 질문을 할 것이고 답변의 과정에서 금방 약점이 드러난다. 그러므로 평범한 결론을 내는 것도 하나의 전략이다. 결국 가장 중요한 것은 자신감 있는 눈빛과 목소리다. 아무리 평범한 답변을 준비해도 자신감을 내뿜으면 신뢰가 가고 관심이 간다.

모르는 질문을 해도 괜찮다. 모르면 모른다고 자신감 있게 대답해라. 면접은 다 똑같다. 면접은 자신감이다. 앞장에서 말씀드렸지만 자신감은 준비에서 나온다.

인성에 관한 질문과 답변준비는 제출한 자기소개서를 읽어보고, 그 속에서 나올 만한 질문과 답변을 기록한다. 회사 및 직무 질문 준비는 회사홈페이지에서 나와있는 기업소개와 인터넷에서 기업 기사들의 내용을 공부한다. 지원한 직무도 공부한다. 준비하는 과정에서 Dart(금융감독원 전자공시 시스템)의 게시된 기업정보의 분기보고서를 참고해도 좋다. 특히 분기보고서의 기재된 회사의 개요, 사업의 내용, 재무재표를 유심히 보면 좋다. 예상 질문과 답변을 완성했다면 말로 자연스럽게 나올 때까지 연습해서 자신감을 키우자.

면접 당일에는 내가 지원자 중에 최고라고 생각하고 면접장에 들어가야 한다. 예전에 예능에서 가수 비가 무대 아래에서는 겸손하지만 무대 위에서는 내가 최고라고 생각한다, 라는 말을 본 게 아직도 기억에 남는다. 면접도 마찬가지다. 면접장에서는 내가 최고라고 생각해야 한다. 면접 전날까지 연습을 충분히 했음에도 당일에 준비를 더 하면 어땠을까? 라는 아쉬움에 초조함을 보이는 지원자를 많이 봤다. 이는 면접에 아무런 도움이 되지 않는다. 면접 당일에는 아쉬움보다는 최선을 다했다고 생각하고, 눈빛부터 목소리 표정까지 자신감으로 무장해야 한다.

H사 면접관님도 이전 직장의 퇴사이유를 여쭤봤고, 솔직하게 대답

했다. 이어서 지원동기도 물어보셨고, 이에 대한 답변은 앞에서 말씀 드린 회사를 택해야 할 때 고려해야 할 3가지에 대해서 말씀드렸다. 첫째 비교적 젊은 세대가 근무하며, 도전하는 문화가 나와 부합한다고 생각한다. 둘째, H사는 기술을 배울 수 있어 나의 역량을 기를 수 있는 회사이며 또한 역량에 따라 충분한 보상도 준다. 더불어 브랜드 가치가 있는 회사에서 일을 할 수 있는 것이 자랑스러울 것이라고 말씀 드렸다. 몇 가지 질문을 더 하셨지만 가장 중요한 질문은 위의 두 가지 질문이라고 생각한다. 얼마 후 나는 합격 소식을 받았다. 지원동기의 답변과 같은 생각으로 H사가 나와 맞는 회사라고 판단했다. 그래서 다른 회사의 면접은 참석하지 않고 입사를 결정했다.

5 장
두 번째 회사 생활, 그리고 퇴사

　입사 후 한 달, 아침부터 저녁까지 신입 교육을 받았다. 짧은 시간에 인테리어를 할 수 있도록 설계부터 시공까지 배워야 했다. 스파르타 방식으로 교육이 이뤄졌다. 수업 그리고 시험을 계속 반복했다. 시험점수가 지속적으로 좋지 않은 사람은 입사가 취소되고 집에 돌아가야 했다. 모든 지원자들은 집에 돌아가기 싫은 나머지 정말 열심히 수업에 임했다. 마침내 동기들은 힘든 교육을 훌륭히 잘 받고 전국 각 지점으로 발령이 났다. H사의 팀장 나이는 30대 중반이었다. 일반 회사와 비교하면 굉장히 젊은 나이다. 실력이 있으면 승진과 보상이 따르는 성과중심의 인사체계였다. 젊은 직원들은 자신의 에너지와 열정을 쏟으며 회사 내에서 역량을 발휘했다. 나의 직무는 인테리어를 원하는 고객들을 만나 상담부터 시공진행 그리고 사후관리까지 담당하는 업무였다. 과거 건축학과를 나오지 않은 사람이 저렇게 빠른 시간에 인테리어를 할 수 있는 역량을 갖출 수 있는지 궁금해할 수도 있다. H사가 대단한 것은 신입사원이 단시간에 인테리어를 할 수 있도록 역량을 만들어주는 시스템이 갖춰져 있다. 하지만 기술을 배운다는 것은 일반 직무보다는 험난한 과정과 고생이 따른다. 그래도 인내와 고뇌의 시간에 몸을 맡기면 결국 할 수 있게 된다.

직무를 구체적으로 소개하자면, 개인별로 담당 지역이 주어지고, 그 지역에 위치한 인테리어 회사에 방문한 고객이 H사를 찾으면, 인테리어 회사 직원은 H사 담당자에게 연락을 한다. H사 담당은 곧장 그 고객과 상담 일정을 잡고 고객을 사로잡기 위해서 멋진 설계를 보여드린다. 계약이 성사되면 설계대로 완벽히 시공을 해야 한다. 인테리어는 현장에서 발생하는 돌발 상황이 많기 때문에 스트레스가 상당하다. 나는 변수가 많은 인테리어에서 실수가 발생하지 않도록 업무의 시간을 늘려나갔다. 그럼에도 불구하고 업무의 특성상 현장에서 돌방상황은 자주 발생됐다. 그로 인한 스트레스는 커져갔고, 나의 소심한 성격으로는 감당하기 힘들었다. 결국 회사를 출근해야 하는 매일 매일이 힘들었고, 이 직무는 나와 맞지 않다는 생각이 들었다. 결국 내가 나를 잘 알지 못해서 잘못된 선택을 했고, 나는 또 나를 채용해준 감사한 회사에 피해를 끼쳤다. 동시에 나의 소중한 시간도 낭비되고 있었다.

나를 자책하기 시작했다. 그리고 나 자신이 쓸모없어 보였다. 어떤 일 하나 감당하지 못하는 사회에서 필요 없는 존재라고 생각됐다. 단순한 소일거리나, 책임이 가벼운 아르바이트만 감당할 수 있는 작은 사람이라고 생각됐다. '첫 직장에서 못 버티면 다른 직장에서도 못 버틴다는 어른들의 말이 맞는 것이 아닌가?' 라는 생각이 들었다.

또 회사를 그만둔다고 말하면 주변 친구들의 좋지 않은 반응도 걱정됐으며, 부모님에게 실망을 안겨드릴까봐 죄송했다. 많은 고민을 했다. 직장일이 아니라면 사업을 해야 하는데 나에게는 자본금도 없고, '직장생활 하나 끈질기게 못하는 내가 사업에 성공할 수 있을까?'라는 생각을 했다. 재취업은 어쩔 수 없는 선택이었다. 하지만 긍정적으로 받아들이기로 했다. 분명 나에게 맞는 회사가 있을 것이다. "한 직장을 오래 다니지 못하면 다른 직장도 적응 못한다."는 말에 반기를 들고 싶은 오기도 더해졌다.

이번에는 직장을 다니면서 이직을 준비하기로 결심했다. 그 이유는 서두르지 않기 위해서다. 첫 직장을 그만 두고 준비했을 당시 재취업의 확신이 없었기 때문에 불안했다. 이는 입사를 조금은 급하게 결정한 원인이 되었다. 초조한 마음 없이 올바른 선택을 할 수 있는 환경에서 재취업을 도전하고 싶었다. 두 번째는 능숙했기 때문이다. 두 번의 취업준비를 하면서 어느 정도 취업을 성공하는 나만의 노하우가 축척됐었다. 토익점수도 만료기간이 남아있었다. 만약 취업에 대한 정보가 부족하다거나 노하우가 없다면 직장을 그만두고 준비를 해도 부족하다. 하지만 오랜 기간 취업을 준비한 사람이라면 굳이 직장을 그만두고 하루를 모두 써가며 취업을 준비할 필요는 없다.

재취업에 대한 마음을 굳힌 후에도 팀에 방해가 되지 않도록 업무에 성실히 임했다. 하지만 취업준비를 할 수 있는 에너지와 열정은 조금 남겨뒀다. 즉 일을 찾아서 하지 않고, 주어진 업무만 했다. 점심시간에는 취업카페에서 정보를 얻고, 자기소개서를 채울 내용들을 생각하고 잊어버리지 않도록 짧게 메모했다. 그리고 퇴근 후 구체적으로 자기소개서를 작성했다. 동시에 나와 맞는 조건들의 기업들을 찾았다. 자기소개서를 작성할 기업이 정해지지 않은 상태이니, 산업별로 대표적인 회사를 선정하여 미리 작성했다. 한 달 정도를 반복하니 자기소개서가 거의 완성되었다. 하지만 나와 맞는 기업을 찾기가 힘들었다. 괜찮겠다고 생각한 조건의 기업은 경쟁률이 매우 치열했으며, 큰 준비 없이 입사할 수 있다고 생각한 기업들은 조건이 마음에 들지 않았다. 백화점에서 맘에 드는 옷들을 고르면 가격이 비싼 경우가 많다. 이와 비슷하게 맘에 들면 입사하기가 까다로웠다. 그래도 채용공고를 꾸준히 봤다.

나는 성격이 꾸준하지 못해서, 약간의 시스템을 만들어 놓지 않으면 쉽게 잊어버리고 포기한다. 그래서 채용공고도 빠지지 않고 확인할 수 있도록 노트북 메모장 스티커에 "채용공고 확인"을 크게 써놓고 노트북을 켤 때마다 자연스럽게 채용공고를 떠올리고 확인할 수 있도록 환경을 만들었다. 채용공고를 매일 봤던 이유는 기업 이름은 잘 들어보지 못했지만 알고 보면 괜찮은 기업들이 상시채용으로 공고를 자주 올리기 때문이다. 대부분의 취준생은 대규모 공채에만 집중하지만, 상시채용도 눈여겨볼 필요가 있다.

어느 날 채용공고를 살피는 중 "L사 신유통 영업관리 채용공고"를 발견했다. 이 회사는 L사 지분 50%+N사 지분 50%로 설립된 회사였다. N사는 연매출이 100조가 넘는 외국 글로벌 회사이며, L사도 국내 유통에 큰 비중을 차지하는 국내기업이다. 미국 스타벅스와 이마트가 만나서 스타벅스 코리아가 탄생한 내용과 비슷하다. 과거 오랜 기간 N사의 100% 지분으로 운영을 해왔기 때문에 외국계회사의 문화가 자리 잡고 있었다. 최근에 L사의 지분이 생기면서 자연스럽게 국내기업 문화가 융합돼 운영되고 있는 중이었다.

내가 알고 있던 외국계 기업의 문화는 회사 내 모임이 적고 퇴근이 빠르다. 하지만 국내기업보다 성과 및 실적이 중요하며 이에 따라 연봉과 승진이 결정된다. 내가 원하는 기업문화와 가까웠다. 이와 같은 생각에 덜컥 지원 욕구가 생겼다. 외국계 회사의 채용방법은 공채가 아닌 내부 추천채용이 활발하다고 전해 들었다. 이러한 선입견을 가지고 L사 채용공고를 확인하니 채용인원이 0명이었다. 0명은 직원을 일의 자리만 채용한다. 자연스럽게 '내부채용으로 다 채워지겠구나.'라는 생각이 들었고, 이곳을 지원하는 것은 시간낭비라고 생각했다. 심지어 수소문을 통해 L사 내부 직원을 알게 되었고 이번에 뽑는 인원은 1명이라고 전해 들었다. 하지만 생각대로 회사 내 모임이 거의 없고, 빠른 퇴근이 가능하다는 정보도 얻었다.

생각이 많으면 많을수록 더 움츠러들게 되고 앞으로 나아가지 못한다. 사공이 많으면 배가 산으로 간다고 한다. 비슷하게 생각이 많으면 배가 산으로 간다. 남들이 쉽게 할 수 없는 일을 할수록 큰 보상이 따르는데 우리는 생각이 많아서 포기를 하고 뒤로 물러난다. 그리고 몇 번을 생각해도 괜찮고, 누가 생각해도 위험부담이 적은, 그냥 괜찮은 정도의 일을 하려고 한다. 그러면서 큰 보상을 바란다. 모순이라고 생각했다. L사를 취업하는 일이 큰일은 아니지만 내가 원하는 기업에 들어가기 위해서는 생각을 멈추기로 했다. 그래서 투입되는 시간, 에너지, 돈들을 생각하지 않고 그냥 입사 지원서를 써보기로 했다.

자기소개서를 처음 쓰는 사람과 직장생활을 경험하고 자기소개서를 쓰는 사람은 한 가지 분명한 차이점이 있다. 기업이 원하는 바를 안다는 것이다. 기업이 당신에게 원하는 것은 과정보다는 결과 즉, '성과'이다. 보통 기업은 성과를 '숫자'로 나타낸다. 그래서 나는 기업이 원하는 '성과와 수치'를 활용하여 자기소개서를 작성했다. 아래는 L사에 지원해서 합격한 자기소개서다.

- L사 자기소개서 -

질문1 : 직무역량

[영업의 기초는 직업의 자부심]

저는 주어진 일에 적극적으로 행동해서 책임을 다하는 인재입니다.

O사에서 근무할 당시 전주에서 도매관리 영업을 담당했습니다. 저는 4개의 주류 도매사의 채권, 판매, 재고를 관리했으며 각 도매사의 거래처인 약 400개 업소도 관리했습니다. 전주는 전체 시장점유율에 약 10% 정도 뒤처지는 시장입니다. 좋지 않은 시장 환경에도 영업사원의 책임인 시장점유율을 높이기 위해 적극적인 영업활동을 했습니다.

담당 거래처 중 상대적으로 시장점유율을 높일 수 있는 대형마트 물류를 공략했습니다. 대형마트 물류는 타 주류 도매사와 달리 2차 거래처의 주문에 의해서만 물량이 변하는 곳이었습니다. 그래서 판매량이 높은 2차 거래처인 대형마트를 선정하고 그곳들을 정기방문하기 시작했습니다. 정기방문을 통해 주류담당자 및 진열을 담당하는 주부 사원들과 친분을 쌓으며 O사의 제품 입점 및 진열을 개선했습니다.

그리고 상대적으로 상대사 시장점유율이 높은 2곳의 마트에는 가격 할인 프로모션을 진행했습니다. 그 결과, 마트 시장점유율 3% 증대 및 전체 거래처 목표 대비 판매실적 110%를 달성할 수 있었습니다. 이런 제 경험을 바탕으로 어떤 시장환경에서도 판매 및 시장점유율을 올리기 위해 늘 생각하고, 행동하는 L사의 영업사원이 되겠습니다.

더불어 지원할 기업의 직무를 정확히 알아야 한다. 그래야 과거에 경력이 해당 직무에 어떤 도움이 될 것이며, 앞으로 해당 직무에 큰 성과를 낼 수 있는 인재라며 심사위원을 설득시킬 수 있다.

질문2 : 지원동기와 포부

[노란 물에서 검은색 물로]

선배 : "커피 때문에 힘들어"
나 : "요즘 사람들 다 커피밖에 안 마셔요"

O사 직장 내에서 한숨과 함께 자주 하는 대화입니다. 시내에서 병맥주와 생맥주가 많이 판매되어야 하는 주말에도 맥주 가게는 손님들이 적지만, 인근 커피 가게에는 사람들로 붐비는 것을 볼 수 있습니다. 대형 마트도 마찬가지입니다. 대형마트의 물품을 담당하는 부장님과의 대화에서도 맥주의 판매량은 줄어드는 반면 스틱 커피는 꾸준하다고 말씀하셨습니다. 실무에서 커피 산업의 굳건한 성장세를 직접 눈으로 보았습니다. 그리고 경쟁은 치열하지만, 더 성장할 수 있다는 확신도 들었습니다. "지금까지 쌓아온 경험으로 제가 직접 L사에서 이 성장을 이끌어보고 싶습니다."

[남산타워에서 바라본 작은 세상]

성실하게 노력해서 입사한 O사를 퇴사하고 남산타워를 방문했습니다. 방문한 이유는 남산타워에서 보이는 다양한 기업을 내려다보면서 제가 자부심을 갖고 잘할 수 있는 일이 무엇인지 생각하기 위해서였습니다.

"군자의 덕은 바람과 같아 백성 모두가 그 덕의 풍화(風化)를 입는다." 라는 이 말은 영향력 있는 사람 및 기업의 행실의 중요성을 강조하는 말입니다. 현재 L사는 고객에게 커피를 대중화시키며, 더 나아가 끊임없는 노력과 옳은 방법으로 전 세계 고객에게 행복을 전달하고 있습니다. 좋은 바람으로 전 세계 소비자에게 영향을 끼치는 L사에서 저는 떳떳하게 제품을 판매하면서 자부심을 느끼고 싶습니다.

L사는 전 세계적인 브랜드이지만 더 깊은 현지화가 필요합니다. 이 부분을 제가 해보고 싶습니다. 먼저 입사 후 L사의 양성체계에 맞춰 최고의 영업사원이 될 수 있도록 교육과 훈련에 열성적으로 임하겠습니다. 저는 O사에서 창의적인 영업방식 판매 실적 1위를 달성하고, 전 '사원들에게 소개된 경험'이 있습니다. 창의적인 영업을 할 수 있었던 이유 중 하나는 철저한 '상권조사'였습니다. 이러한 경험을 바탕으로 상권분석과 시장조사를 세분화하여 철저히 진행하겠습니다. 그 후 L사의 강력한 무기인 분말커피와 분말 음료를 중심으로 다른 제품을 판매하는 영업활동을 강화하겠습니다. 또한, 제품이 판매되는 유통로의 '키맨'을 공략하여 어떠한 '프로모션'도 진행할 수 있는 깊은 관계를 형성하겠습니다. 그 결과 제가 담당하는 상권을 중심으로 제품 판매목표 대비 5% 이상 초과달성을 꼭 해내겠습니다. 성실한 자세로 노력을 게을리하지 않고 영업사원으로서 책임을 다하며 능력을 인정받겠습니다.

> 마지막으로 업무에서 가장 중요한 점은 '동료와의 호흡'입니다. 좋은 하모니는 상대방의 소리와 호흡에 집중해서 불러야 납니다. 저도 제 목소리만 내세우는 사원이 아닌 동료들의 소리에 더 집중하여 함께 성과를 낼 수 있는 L사의 일원이 되겠습니다.

위에 자기소개서는 해당 직무를 이해하고 구체적인 수치를 제시했다. 대학교를 졸업하고 처음으로 자기소개서를 작성하는 지원자는 꼭 읽어봤으면 한다. 중고 신입들은 자기소개서를 위처럼 쓰고 있다. 본인이 직장생활을 해보지 않아서 상대적으로 수준이 낮은 자기소개서를 썼다고 해서 심사자들은 배려해주지 않는다. 당신에게 첫 지원 기념 가산점도 주지도 않는다. 사실 위에 자기소개서는 직장생활을 경험하지 않은 지원자도 충분히 쓸 수 있다. 지원할 직무를 정확히 이해하고 과거 여러 경험들(학교생활, 아르바이트 등등)을 바탕으로 어떤 행동해서 목표 수치만큼 실적을 달성할 수 있다고 쓸 수 있다.

L사 면접, 직무이해와 필살기를 갖춘 프로면접러

공채가 아닌, 소수를 뽑는 상시채용은 대부분 합격 결과를 알려주는 정확한 일자가 없다. L사도 2주 만에 연락이 왔다. 자기소개서가 합격했다며, 면접 장소와 시간을 알려주는 연락이었다. 연락을 받자마자 쓰고 있던 다른 기업의 자기소개서를 멈추고 면접 필살기를 준비했다. L사 신유통 영업관리의 직무는 이마트, 홈플러스, 롯데마트 등 대형마트에서 판매되는 제품들의 판매가 활성화될 수 있도록 활동하는 업무였다. 구체적으로는 대형마트 담당과 협의를 통해서 자사제품이 고객의 눈에 잘 띄는 자리에 진열될 수 있도록 하는 것과 대형마트에서 제품을 판매하시는 판매여사원님에게 동기부여를 시키고 제품의 판매를 높이는 직무다.

곧바로 대형마트를 방문했다. 진열돼 있는 L사 제품과 경쟁사 제품을 살펴본 후 L사 제품 진열의 잘된 점과 잘못된 점을 전지에 적었다. 그리고 판매사원님이 계시면 인사를 드리고 함께 셀카도 찍었다. 응원의 글도 받아냈다. 셀카를 찍었던 이유는 입사 후 판매여사원님들과 금방 가까운 관계를 만들고, 영업 관리 직무를 잘할 수 있다는 것을 면접관님께 보여주고 싶었기 때문이다. 그리고 마트에서 판매하는 L사 제품의 종류를 전부 구입하고 맛봤다. 위와 같은 방법으로 7곳의 마트를 돌아다니면서 얻은 사진과 글을 전지에 채워서 필살기를 만들었다.

앞 장에서 말씀드렸다시피 면접을 준비하는 과정은 항상 같다. L사 면접을 보기에 앞서서 보기 좋은 표정과 듣기 좋은 음성을 꾸준히 연습했다. 회사의 역사를 이해하고, 해당 직무와 제품을 공부했다. 자기소개서를 기반으로 예상 질문과 답변도 만들고 소리 내어 연습했다. 그리고 1분 자기소개, 지원동기, 마지막으로 하고 싶은 말들을 소리 내어 반복해서 연습했다.

그리고 1차 면접 당일에 필살기를 챙겨서 면접장소에 도착했다. 면접장소는 합격하게 되면 근무할 사무실이었다. 더불어 1차 면접은 실무진 면접으로 입사 후 함께 근무할 부장님과 차장님이 직접 면접관으로 참석하시고 면접자는 나 한 명이었다. 같은 공간에서 함께 일할 사람을 채용하는 자리기 때문에 세세한 질문을 많이 하셨다.

먼저 지원동기를 물으셨다. 답변은 전 직장의 경험을 바탕으로 산업적인 부분과 지역적인 부분으로 나눠서 답변했다. O사 근무 시 느낀 점은 식품산업은 커피에 대한 소비가 커지고 있다. 성장하는 한국 커피 시장에서 L사 커피는 저평가되어 있다. 즉 L사 제품은 성장 가능성이 있다. 브랜드 성장에 일조를 하고 싶다.

서울에서 근무하고 싶다. 이유는 지방근무자보다 직장 내 정보를 빠르게 알 수 있다. 인맥을 넓힐 수도 있고 자연스럽게 본사에서 비교적 중요한 직무를 담당할 수 있는 기회도 찾아오기 때문이다. 서울에서 근무하고 싶다.

이어서 퇴사이유를 물었고 솔직하게 답변했다. 재취업을 위한 면접에서 퇴사 이유를 고민하시는 분이 많은데 앞서 말씀드린 것처럼 솔직히 답변하는 것이 가장 좋다. 하지만 솔직하기 위해서는 퇴사이유가 꼭 면접관의 공감을 사야 한다. 예를 들어 직장 내 야근이 주 4일 이상이었다, 회사가 판매하는 제품에 알레르기가 있다 등등. 면접관이 "나 같아도 퇴사했겠다."라는 공감을 얻을 수 있는 내용이어야 한다.

만약 전 직장 퇴사 이유를 솔직히 말하지 않고, 합격한다고 해도 똑같은 이유로 퇴사할 가능성이 높다. 위 이유로 나는 퇴사 이유를 사실대로 말하는 것을 추천한다.

이어서 전 직장 업무에 대해서도 질문했다. 이 부분은 면접관보다 나의 정보가 더 많기 때문에, 담당한 업무의 중요도와 성과를 더 과장해서 자신 있게 말했다.

개인적인 질문이 이어졌고 답변 후 필살기를 꺼내서 설명드렸다. 대형마트를 돌아다니며 만난 판매 여사원님과 나눈 대화를 설명드렸다. 설명 내용은 판매여사원분들이 회사에 바라는 점이었다. 더불어 L사 제품진열 상태의 좋은 점과 나쁜 점을 설명드리고, 어떤 액션을 취해서 개선하겠다고 말씀드렸다. 면접이 끝나기 전 마지막 한마디를 자청해서 했다. 면접관님은 준비를 많이 해왔다며 칭찬을 하셨고, 좋은 분위기에서 면접을 마쳤다.

대부분 면접은 마지막 한마디를 할 수 있는 기회가 주어진다. 기회가 주어지지 않는다고 하더라도 손을 들고 할 수 있다. 당신의 간절함을 표현할 수 있는 정말 소중한 기회다. 누군가는 이미 평가가 끝난 상태로 굳이 할 필요가 없다고 말한다. 하지만 내 생각은 다르다. 평가가 끝난 결과를 뒤바꿀 수 있는 마지막 기회라고 생각한다. 우리는 가끔 TV오디션 프로그램에서 평가가 끝났지만 지원자가 손을 들고 노래 한 번 더 할 수 있는 기회를 요청하고 끝내 합격하는 장면을 본 적이 있을 것이다. 이와 마찬가지로 간절함은 상황을 역전시킬 수 있는 강력한 힘을 갖고 있다.

마지막 한마디의 팁은 거머리처럼 선배들을 쫓아다니며 배운다고 말하면 좋다. 대부분 회사는 지금 당장 직무를 잘 알고 있는 사람을 뽑는 것이 아니라, 입사해서 업무를 익히고 빠르게 성장할 사람을 뽑는 것이다. 당신이 지금 업무에 대해서 안다고 면접해서 말해봤자, 실무진과 임원분들에게는 귀여운 유치원생의 수준으로 보일 것이다. 면접에서 직무관련 아는 척을 하고, 면접관님의 더 깊은 직무 질문이 들어오면 어느새 당신은 면접에 불리한 위치에 놓이게 된다. 직무의 이야기보다는 "내가 이러한 경험으로 잘 배울 수 있어 잘할 수 있다." "동료들과 잘 어울릴 수 있다는 것"을 어필해야 한다. 기업이 가장 원하는 답안을 마지막 한마디에서 표현하면 좋다. 나는 마지막 한마디를 "간절히 배워서 남들보다 빠르게 업무를 익히고 큰 성과를 보이겠다."라고 말했다.

일반 면접은 임원진 면접이 가장 중요하다. 하지만 내가 근무할 사무실에서, 함께 일할 동료에게 평가받는 1차 면접은 추후에 있을 임원진 면접보다 훨씬 중요한 면접이다. 이 면접에서 합격과 불합격이 95% 결정된다고 봐도 된다. 1차 면접에서 높은 평가를 받으면 앞으로 있을 임원 면접은 큰 하자만 없으면 합격이다.

즉 일반 공채면접은 임원면접에서 합격 불합격의 판가름이 난다. 하지만 경력직 면접 또는 상시채용 면접에서 함께 일할 직원이 면접관으로 참석하는 1차 면접은 임원면접보다 중요하다. 그러므로 가지고 있는 에너지를 다 써야 한다.

다시 본 내용으로 돌아와 면접의 노하우를 간략하게 정리하자면 첫째, 지원한 직무를 정확히 파악해라. 둘째, 전 직장 퇴사이유를 묻는 질문에는 면접관의 공감을 살 수 있다면 솔직한 답변이 좋다. 셋째, 과거의 경력을 자신 있게 설명하며, 구체적인 성과를 과장해서 말해라. 마지막으로, 마지막 한마디의 기회가 주어진다면 간절함을 표현해라. 간절함은 상황을 역전시킬 수 있는 기회가 된다.

며칠 후 합격소식을 들었다. 그리고 다음 2, 3차 면접 안내를 받았다.

상시채용, 1차 면접의 중요성

2차 면접은 본사 실무진 면접, 마지막 3차 면접은 임원면접이었다. 이 과정이 하루에 모두 이뤄졌다. 나는 1차 면접과 비슷한 내용의 준비를 가지고 면접에 임했다. 이유는 2차, 3차 면접관은 1차 면접관이 다르기 때이다. 그래서 1분 자기소개, 지원동기, 퇴사이유는 1차 면접과 똑같이 준비했으며, 당연히 필살기와 함께 면접장에 도착했다. 2차 면접은 각 부서의 팀장님들이 앉아 계셨다. 1차 면접과 비슷한 질문들을 하셨다. 그 중 기억에 남는 질문은 "본집이 광주신데, 광주에서 근무하실 생각 없으세요?" 라고 물어봐주셨다. 예전에는 이런 질문을 받으면 너무 합격하고 싶은 나머지 "어디든 상관없습니다." 라고 답했다. 하지만 어느 정도 면접경험이 쌓이자 다르게 답변했다. "저는 서울에서 근무를 하고 싶습니다. 이유는 본사에서 다양한 선배님들과 교류하고 싶습니다. 그래서 시야를 넓히고 역량을 키우고 싶습니다. 본사에서 근무하여 회사에 좀 더 큰 기여를 하고 싶습니다." 이렇게 답변하면, 따라오는 질문은 "서울에서 근무하다가 광주로 발령을 내면 그만두실

건가요?" 이다. 나의 답변은 "회사는 집단생활이기 때문에, 인사결정에는 따라야 합니다. 겸허히 가겠습니다. 하지만 비교적 열정이 큰 신입시절에 서울에서 더 많은 역량을 키우고 싶습니다. 추후 지방으로 발령을 내주신다면 서울에서 많은 역량을 기르고 지방에 가서 좋은 영향력을 끼치겠습니다. 라고 답변했다. 나머지 질문들 또한 기존의 1차 면접과 다르지 않았고, 충분히 답변했다.

이공 대학 출신들은 필히 공장이 위치한 지방에서 근무를 해야 하는 사정이 있다. 또한 지방 근무 특채로 고용하는 회사도 있다. 이런 특수성이 존재하는 곳만 아니라면, 입사 지역이 전국 단위라면 당당히 본인이 원하는 근무지에서 근무를 하고 싶다고 어필하는 것도 괜찮다. 입사 후 근무지가 자신과 맞지 않아서 퇴사를 고민하는 사람도 여럿 봤다. 물론 지역에 관계없이 행복하게 일할 수 있는 사람이 있다면 아무 곳에서 일할 수 있다고 말할 수 있다. 소신껏 이야기하자. 인생은 자신이 그려가는 그림이다.

2차 면접이 끝나고 10분 정도 쉬는 시간을 가졌다. 그리고 3차 면접은 상무님과 1대 1 면접이었다.

면접의 종류는 면접관 여럿, 지원자 여럿이 참여하는 다대다 면접, 그리고 면접관 여럿, 지원자 한 명의 다대일 면접 마지막으로 면접관 한 명, 지원자 한 명인 일대일 면접이 있다. 가장 어려운 면접을 고르라면 일대일 면접이라고 생각한다.

면접의 종류에 따라 면접을 다르게 준비해야 한다. "똑같은 면접인데 같겠지." 라는 안일한 생각으로 면접에 임하면 결과는 좋지 않을 것이다. 다대다 면접은 큰 목소리와 튀는 행동을 통해서 다른 지원자들보다 돋보여야 좋은 점수를 얻지만, 다대일과 일대일 면접은 대화하는 방식으로 면접이 이뤄지기 때문에 너무 큰 목소리와 튀는 행동은 과장이 심한 사람 또는 거짓된 사람으로 비춰질 수 있다. 예를 들어 한 테이블에 마주앉아서 일대일 면접을 본다고 생각해보자. 면접관이 나긋나긋한 목소리로 지원동기를 묻는데, 지원자가 딱딱한 말투와 큰 목소리로 준비한 멘트를 하게 되면, 보는 면접관의 입장에서는 지원자가 융통성이 없어 보이고 진실성이 없는 그냥 연기하는 사람으로 보일 가능성이 크다. 또한 다대다 면접처럼 형식적인 질문 1~2개 개인적인 질문 1개 정도 물어보는 것과 달리 다대일이나 일대일 면접은 디테일한 질문들이 많다.

지원자 혼자 임하는 면접은 답변의 꼬리의 꼬리를 무는 질문들도 많다. 그렇기 때문에 준비 못한 질문에 답변을 해야 하는 상황도 자주 생긴다. 모든 것을 준비할 수 없는 상황을 고려해서, 면접에 임하기 전에 본인의 컨셉 몇 가지를 정해야 한다. 예를 들어, 나는 '팀워크'에 도움 되는 사람이야." "개인 일보다는 팀의 일을 우선적으로 먼저 해야겠어." 를 마음속으로 수십 번 되새긴다. 그 결과 나는 정말 팀워크가 우선인 사람의 컨셉을 가지고 면접에 임해야 한다. 거짓말은 하면 안 되지만 사람은 내면에 많은 자아를 가지고 있기 때문에, 그중에 하나의 나를 선택해 일관성 있는 사람으로 만들면 된다는 뜻이다. 다시 말씀드리지만 거짓말을 하라는 것이 아니다. 특히 거짓말을 하게 되면 일대일 면접이나, 다대일 면접에서 면접관은 몇 가지 질문을 통해서 바로 알아차릴 수 있다. "본인이 가지고 있는 여러 가치관에서 좋은 몇 가지를 확대시켜 면접에 임하라는 말이다."

　지원자 한 명이 임하는 면접의 목소리 톤은 평상시 말보다는 약간 큰 목소리로 예의바르게 천천히 대화하듯이 질문에 답변하면 된다. 긴장한 나머지 목소리가 떨릴 것 같으면 액체로 된 우황청심환을 꼭 먹어라. 나 또한 많은 면접경험이 있지만 심장이 두근거려서 면접 보기 30분 전에는 매번 우황청심환을 먹고 면접에 임했다.

　다시 본론으로 돌아와서 상무님과 일대일 면접이 시작되자, 상무님은 나의 긴장을 풀어주기 위해서 본인도 예전에 주류회사와 함께 일을 해본 경험이 있다고 말씀해주셨다. 그러면서 본인은 어떤 경험이 있었는데, 지원자도 자신과 같은 경험이 있냐며 묻기도 하셨다. 그렇게 10분 정도의 시간이 지나갔다. 이후에는 압박질문을 하시기도 했다. "만약에 커피회사에서 커피를 많이 마셔 잠이 안 오면 어떻게 하시겠어요?"라는 생뚱맞은 질문을 하기도 했다. 역시 이러한 질문은 당황하지 않는 자신 있고, 능청스럽게 대답하는 태도가 필요하다. 답변은 "커피를 아무리 많이 마셔도 눈감으면 잠이 듭니다." 라고 말했다. 그러자 상무님은 "만약에 그래도 잠이 안 오면 어떻게 할 거예요?"라고 질문하자. "잠이 올 때까지 사무실에 앉아서 일하겠습니다." 답변했다. 또 다른 질문은 "당장 내일부터 일해야 하는데 서울에 몇 개월간 집이 없어요. 어떻게 하시겠어요?" 답변은 "회사 앞에 텐트를 쳐서라도 숙식을 해결하면 되니 일하는 데 지장 없습니다."라고 답변했다. 위 같은

황당한 질문에는 정답이 없으니, 자신 있게 또박또박 대답만 하면 된다. 지금 생각해보면 위 같은 질문들은 내가 회사를 그만둔 경력이 있으니, 이 회사에 입사 후에도 금방 퇴사할 사람인지를 판단하기 위한 질문이 아니었나 생각이 들기도 한다. 그리고 영업에서 가장 중요한 덕목이 무엇이냐고 물어보셨는데, 신뢰라고 답변했다. 이유는 신뢰가 쌓이면 원가가 값싼 옷을 100만원에도 판매할 수 있지만, 신뢰가 없으면 원가가 100만원이 넘는 옷도 10만원에 판매할 수 없다, 신뢰를 쌓는 방법은 인사와 약속시간을 잘 지키는 것부터 시작된다고 답변을 드렸다. 영업직무 외에 다른 직군의 덕목에서도 '신뢰'는 중요하다고 생각한다.

면접이 끝나기도 전에 상무님은 앞으로 잘해 보자는 답변을 해주셨다.

나와 같은 공간에서 함께 근무할 1차 면접관들이 상무님에게 나를 추천했다. 그리고 상무님은 3차 면접에서 내가 큰 하자가 없다고 판단되자, 면접 중에 잘해보자는 말씀으로 합격의 표현을 해주신 것이다. 실제로 회사에 입사 후 나와 함께 일할 후임을 뽑는데, 본부장님과 팀장님이 1차 면접을 본 후 상무님께 제일 나은 지원자를 추천했고, 상무님은 추천 대상이 큰 하자가 없는지 면접에서 확인한 후 빠르게 입사가 이뤄졌다.

걷고 있는 이들에게

6장
세 번째 회사생활 그리고 퇴사

업무가 익숙했던 회사에서, 새로운 회사로 입사 후 다시 아무 것도 모르는 신입사원이 됐다. 하지만 한 번 회사를 옮긴 경험이 있어서, 새로운 업무를 다시 익히는 것에는 큰 두려움이 없었다.

신입사원, 첫 이미지가 가장 중요한

사실 입사 후 업무 습득도 중요하지만 더 중요한 것은 동료들에게 각인되는 나의 첫 이미지다. 예의범절, 시간약속 등 아주 기본적인 것들을 제외하고 좋은 이미지를 만들면서 동시에 업무도 빠르게 익힐 수 있는 몇 가지 팁을 공유하겠다.

첫째, 노트와 펜을 항상 꺼내들고 있어야 한다. 선배들은 본인의 일을 덜기 위해서라도 신입사원에게 빠르게 업무를 알려준다. 그때, 듣고만 있으면 "의욕이 떨어지는 신입사원이다." "열정과 패기가 부족하다." "한 번 말한 것은 다시 물어보면 안 된다."라는 부정적인 소리를 들을 수도 있다. 스마트폰에 메모를 할 수 있지만, 스마트폰은 놀고 있는 이미지를 줄 수도 있기 때문에, 꼭 종이와 펜을 들고 선배님들의 말을 수시로 적어라. 가끔씩은 오버해서 업무를 알려주는 장면을 동영상으로 촬영해도 좋다. 위 행동은 물론 업무를 익히는 것에도 도움이 크게 된다.

둘째, 리액션을 해라. 선배들은 각자 본인만의 노하우와 팁이 있다. 하지만 몇 년에 걸친 본인의 노하우를 쉽게 알려주지 않는다. 보통 업무에 필요한 기본적인 스킬만 알려준다. 하지만 리액션을 통해 선배들의 여러 노하우를 가져올 수 있다. 업무에 도움 되는 작은 조언이라도 해주면 아래와 같이 반응하면 좋다.

"정말 이렇게 하면 업무가 훨씬 수월하겠어요." "어떻게 터득하셨습니까?" 등등 선배가 주는 정보에 리액션을 해라. 리액션을 하다 보면 선배는 신이 나서 더 많은 노하우를 알려줄 것이다. 또한 선배는 당신과 소통이 된다는 생각을 하며, 당신을 좋게 생각할 것이다.

셋째, 업무 관련 질문을 자주해라. 예를 들어 선배가 "저기 보이는 진열 위치가 골든존이라고 하는 곳이야. 즉 사람들의 눈에 가장 잘 띄는 진열 공간이야."라고 말씀하면 "그럼 이곳에 진열하기 위해서는 어떤 노력을 해야 하며, 이곳에 진열되고 있는 우리 회사 제품이 있는지, 골든존이 아닌 다른 곳에 진열되면 얼마나 매출이 떨어지는지?" 등등 최대한 질문할 것을 머릿속으로 짜내서 질문을 해야 한다. 그 결과 선배들은 당신이 업무의 관심이 많으며, 앞으로 업무를 잘할 것으로 생각한다.

마지막으로 인사는 많이 하면 할수록 좋다. 아주 기본적이지만 인사를 해야 하는지 안해야 하는지 헷갈릴 때가 많다. 출근을 했을 때, 많은 사람들이 자리에 앉아 있지만, 큰 소리로 모두에게 인사를 한 번만 하는 것이 맞는지, 일일이 한 명 한 명 찾아가 개인적으로 인사를 하는 것이 맞는지 헷갈린다. 무조건 인사는 많이 할수록 좋다. 안 하는 것보다 하는 것이 좋으며, 한 번보다 수시로 많이 할수록 좋다. 인사를 열심히 하다 보면 선배들에게서 인사를 그렇게 많이 하지 않아도 좋다는 소리를 들을 것이다. 그러면 그때 인사를 조금 줄여도 된다. 나를 좋은 이미지로 각인시키는 것에는 인사만큼 쉽고 좋은 방법은 없다.

위의 네 가지 팁을 통해서 나의 이미지를 만들고 업무를 익혔다. L사에서 입사 초기에 잊지 못할 경험을 했다. 점심식사를 하고 나가는 선배를 보며 문을 재빠르게 열어줬다. 그러자 선배가 나를 따로 불러 면담을 했다. 우리 회사의 문화는 수평문화를 유지하려고 노력하고 있으며, 너의 그런 행동은 좋은 문화를 망치는 요소라고 말했다. 지금까지 내가 배우고 경험한 문화와 상이했다. 선배에게 꾸중을 들었지만 뭔가 기분 좋은 꾸중이었다. 직급도 차장급 이상을 제외하고 모두 팀장으로 불렸다. 전 회사에서는 팀장이 되려면 회사생활을 15년 가까이 해야 하지만 이직 후 나는 바로 팀장이 되었다.

위에서 말했듯이 직무는 신유통 영업관리였다. 담당 지역에 위치한 대형마트에 나온 진열 자리를 확보하고, 제품 판매 여직원을 독려하는 역할을 했다. 즉 제품 판매를 높이는 활동을 했다. 그리고 경력이 쌓이면 본사로 이동해 KAM의 직무를 맡는다. KAM의 직무는 대형마트 본사 담당자와 자사 제품 진열 위치, 판매를 활성화할 수 있는 프로모션을 협의한다. 그렇게 협의한 내용은 전국의 모든 대형마트에 그대로 실현된다. 나는 KAM이 협의한 내용이 잘 이행되고 있는지 대형마트를 돌아다니며 점검도 했다.

일이 적성에 잘 맞았다. 그래서 나의 역량을 보여주고 빠른 시간에 KAM이 되고 싶었다. 서울에서 근무를 하자 본사 직원들과 교류할 시간이 많았고, 자연스럽게 본사에서 업무를 맡을 수 있는 기회도 많았다. 추후 본사에서 중요한 업무를 맡으면 나의 몸값도 올라가는 구조였다. 나의 커리어를 쌓을 수 있는 기회가 지방근무보다 확연히 더 많았다.

1년이 조금 넘게 회사생활을 이어가던 중에 현재 결혼을 약속한 여자친구를 만났다. 여자친구가 전라도 광주에서 생활을 했기 때문에 우린 장거리 커플이었다. 그리고 결혼에 대해서 진지한 말이 오고갔다. 결혼 후 어떤 지역에서 생활을 이어나갈지 고민을 했다. 서울에서 생활하기에는 여자친구의 직장도 문제지만 집값이 가장 큰 문제였다. 서울의 비싼 집값을 감당할 수 없었기 때문이다. 많은 고민 끝에 금전적인 문제를 고려해서 결혼을 할 수 있는 광주를 선택했다. 결국 또 이직을 할 수밖에 없는 상황이 왔다. 이번에 이직을 한다면 경력직으로 입사를 해야겠다는 생각을 했다.

우연한 기회, 촉을 세워라

경력직으로 이직을 준비해야 한다는 생각은 있었지만, 결혼이 당장 급하지는 않아서 적극적으로 실행에 옮기지는 않았다. 하지만 항상 촉은 세우고 있었다. 친구들이 경력직 이야기를 나누면 의식적으로 귀를 기울였고, 인터넷을 하다가도 경력직 관련 제목이 보이면 클릭을 해서 읽었다. 그러던 중 전 회사 동기모임을 가졌다. 나처럼 다른 회사에 재입사한 동기들도 몇 명이 있었다. 서로 재미있는 대화를 주고받으며 웃고 떠들었다. 그리고 서로의 고충도 주고받으며 진지한 이야기도 나눴다. 나 역시 경력직 이직문제로 고민이 있었기 때문에 나의 상황을 동기들에게 공유하고 위로를 받았다. 고충을 말한다고 문제가 해결되지 않지만 말하는 사이에 담고 있는 스트레스가 조금 풀리는 듯 했다. 즐거운 시간을 보낸 뒤 다시 일상으로 돌아와 회사생활을 이어나가고 있었다. 며칠 후 동기모임에서 나의 고충을 전해들은 동기 한 명에게서 전화가 왔다. 본인 회사의 광주사업부에서 가맹점관리 직무의 경력직을 채용한다는 것이다. 문제는 오늘 바로 이력서와 자기소개서를 제출하라는 것이었다. 하필이면 나의 생일 당일이었다. 여자친구와 생일파티를 한 뒤 급하게 자기소개서를 작성했다.

경력직, 자기소개서

경력직 채용을 추천해준 동기는 본인의 자기소개서를 나에게 주었고, 지원할 직무의 내용도 충분히 설명해주었다. 앞서 말했지만 자기소개서를 쓰기 위해서는 직무를 어느 정도 파악하고 있어야 한다. 직무를 알고 있어야 내가 이 직무에 필요한 인재라는 근거를 제시하고 심사위원을 설득할 수 있기 때문이다. 그리고 회사 홈페이지를 통해서 회사의 비전과 목표를 확인하고 이에 적합하게 자기소개서를 작성해 나갔다.

회사 홈페이지에서 비전과 경영방침을 참고해서, 자기소개서 내용에 사용했다. 직무를 이해했고, 직무에 맞는 인재라는 것을 대략적인 근거와 함께 서술했다.

경력직 자기소개서는 말 그대로 나의 경력의 대해서 구체적으로 서술하려고 노력했다. 이전 자기소개서는 나의 가치관과 나의 인성에 대해서 소개하려 했지만 경력직 자기소개서는 나의 역량에 집중해서 작성했다. 전 회사에서 담당한 직무를 설명했다. 그리고 각 회사에서 구체적인 성공사례를 설명하고, 이 성공사례가 입사 후 직접적으로 S사에서 어떤 성과를 낼 수 있는지 자세하게 설명했다.

경력직, 중요한 1차 면접

자기소개서를 제출하고 며칠 후 합격 전화가 왔다. 1차 면접 장소는 광주사업부 사무실이었다. 그곳에서 함께 일할 본부장님과, 팀장님이 면접관으로 참석한다는 정보도 들었다. L사 면접과 같은 방식의 면접이었다. 즉 1차 면접이 다른 면접보다 가장 중요하다는 것을 알 수 있었다. 서류합격 전화를 받은 후 필살기를 만들기 위해 S사의 여러 가맹점을 방문해서, 점주님 또는 아르바이트생과 함께 사진을 찍었다. 찍은 사진을 전지에 붙였다. 그리고 사진 밑에는 점포명을 적었으며, 점포의 잘못된 점과 개선방법, 잘된 점은 왜 잘됐는지 이유를 서술했다. 마지막으로 면접관에게 질문하기 위해서 점포를 방문하면서 궁금한 사항도 몇 가지 준비했다. 또한 나는 어떤 가맹점 관리자가 되고 싶은지 깊게 고민하고 답을 내렸다.

앞에 말씀드린 필살기는 경력자들만 할 수 있는 것이 아니다. 돈을 주고 구입하는 손님의 입장에서 제품을 들여다보고, 장단점을 도출하면 된다. 또한 매장에 들어갔을 때 진열을 보고 아쉬웠던 점과 잘된 점을 내 생각 그대로 전지에 나열하면 된다. 분명 내부의 직원보다 제3자, 소비자 입장에서 볼 때 보이는 무언가가 있을 것이다. 전문가가 아니라고 기죽지 않아도 된다. 자신감을 가져라. 나의 생각과 말에 근거만 있으면 된다.

필살기 외 면접 준비 과정은 이전면접과 같았다. 좋은 음성과 좋은 인상으로 면접에 임하기 위해서 아나운서 영상을 보고 계속 따라했으며, 가상질문과 답변을 A4용지로 정리하고 소리 내서 연습을 반복했다. 이전 면접 준비와 다른 것이 있다면 S사의 주력 사업인 프랜차이즈 산업에 대해서 공부했다. 사전적 정의와 함께 인터넷에 나오는 기사들을 읽어봤다. 또한 나를 추천해준 동기에게 전화를 걸어서 내가 지원한 가맹점 관리 직무에 대해서 질문 했다. 동기는 프랜차이즈 산업에 대해서 정의를 해주었다.

"70살 할머니의 기가 막히는 손맛을 20대의 고운 손에서도 느낄 수 있도록 도와주는 사업."

어떤 단어를 완벽히 이해한다는 것은 스스로 그 단어에 대해서 한 문장으로 짧게 설명할 수 있어야 한다. 동기는 정확히 프랜차이즈 산업을 이해하고 있었다.

면접 당일에 나는 이전과 마찬가지로 액체로 된 우황청심환을 단숨에 들이켜고 면접장으로 들어갔다. 조금 기다리니 현재 나와 함께 일하시는 팀장님과 부본부장님이 면접장으로 들어오셨다. 다대다 면접이 아니기 때문에 웅변이 아닌, 이야기하듯이 1분 자기소개를 했다. 물론 1분 자기소개의 내용은 더블클릭(앞장에 서술) 내용이다. 다대일 면접의 특징은 아주 사소한 것까지 질문한다는 것이다. 집이 어딘지, 동생은 있는지 얼굴에 상처는 무엇인지 말이다. 세심한 질문의 이유는 옆자리에서 함께 일할 사람으로, 업무의 역량도 중요하지만 함께 일할 수 있는 인성을 가진 사람인지가 굉장히 중요하기 때문이다. 즉 다대일 면접에 임하기전 자기 자신을 이해하고 간결하게 표현하는 연습을 해야 한다. 예를 들면 나는 어떤 음식을 좋아하는지, 성격이 어떤지, 부모님에게 어떤 가르침을 받았는지, 상대방이 알아듣기 쉽게 답변할 수 있어야한다.

사소한 질문을 마치고 중요한 질문이 이어졌다. 먼저 전 직장에서 어떤 직무를 담당했는지 질문하셨다. 면접관님들은 내가 이전에 경험한 직무에 대해서 전문가가 아니기 때문에 최대한 이해하기 쉽게 설명해야 한다. 조금 과장하면 초등학생도 이해할 수 있도록 쉬운 단어와 쉬운 문장으로 간결하게 답해야 한다. 직무를 설명한 뒤 내가 세운 업적도 간단하게 설명했다. 그 뒤에는 퇴사이유를 물으셨다. 앞장에도 말했듯이 솔직하게 답했다. 지금 직장이 좋지만 결혼할 사람이 있어 광주에 오고 싶다고 말했다. 사랑하는 사람과 결혼을 해서 아이를 낳고 행복하고 싶다고 말했으며, 그 행복을 만들어준 지금의 회사에 감사함을 잊지 않고 회사의 성장에 기여하고 싶다고 말했다. 나의 답변은 퇴사이유와 지원동기를 동시에 답변한 셈이다. 그리고 "지원 동기는 직무적인 이유가 아닌 감성적인 이유"로 답변하면, 면접관님들은 꼬리질문도 하지 않는다. 내가 생각하는 최고의 답변은 논리적인 측면이 아닌 면접관의 감정을 터치하는 답변이다. 면접관님도 결혼을 하셨고, 자식도 있다. 그리고 그 속에 말 못할 속사정과 애잔함도 있다. 그래서 지원동기로 가족이야기를 했을 때 면접관님도 감정에 무언가가 닿았을 것이고, 쉽게 공감을 할 수 있었을 것이다.

면접이 끝나 갈 때 준비한 것이 있다면서 필살기를 보여드렸다. 면접관님께 준비한 필살기를 설명드리며, 점포를 방문하면서 생긴 궁금한 것들도 질문했다. 시간이 된다면 마지막 한마디도 하고 싶다고 부탁드렸다. 그러자 면접관님은 허락해주셨다. 마지막 한마디는 동기에게 전해들은 프랜차이즈의 정의를 설명했다. "20대의 고운 손이 할머니의 손맛을 가질 수 있도록 본사와 가맹점주의 가교역할을 충실히 하는 SV가 되고 싶고, 팀 실적에 이바지하며 긍정적인 팀 분위기를 만들 수 있는 귀여운 막내가 되고 싶다"라고 말했다.

그리고 얼마 후 합격 통보와 함께 2차 면접은 본사에서 이뤄진다고 전화를 받았다. 1차 면접의 합격자는 나 혼자였다. 2차 면접은 큰 하자가 없으면 합격하고 계약서를 작성하는 자리였다.

2차 면접을 보기 전 다시 한 번 회사의 매출과 영업이익을 숙지하고, 기사를 통해서 지난날 S사의 이슈들을 정리했다. 위의 정보는 네이버에서 검색 몇 번만 하면 쉽게 얻을 수 있다. 그리고 가장 중요한 것은 회사의 홈페이지를 방문해서 회사의 비전, 시행하고 있는 사업, 주력 제품을 말로 뱉을 수 있을 수 있도록 이해하고 외웠다.

면접스터디, Have to

혹시라도 독자는 위 내용을 보고 면접을 혼자 준비하면 안 된다. 나는 여러 번의 면접 경험으로 많은 노하우를 습득했고 이를 바탕으로 면접에 합격할 수 있다는 확신이 있었다. 하지만 이 책을 읽는 독자들 중 면접에 경험이 많지 않다면 꼭 면접 스터디를 통해서 면접의 역량을 길러야 한다. 면접스터디는 두 가지 이점을 준다.

첫째, 자연스러워진다. 모든 일이 그렇지만 자주 할수록 실력은 상승한다. 특히 말은 더 그렇다. 실제 면접과 같이 분위기를 조성하고 여러 사람들 앞에서 말을 하면 할수록 긴장을 덜 하며, 자신감이 생긴다. 이러한 환경에서 연습을 반복하면 실제 면접에서도 자신이 생각하는 말들을 자연스럽게 내뱉을 수 있다.

둘째, 답변의 내용이 좋아진다. 면접 스터디에서는 여러 구성원들이 면접 질문과 이에 따른 답변을 공유한다. 스터디를 할 때마다 다양한 질문과 여러 답변을 듣다 보면, 실전 면접에서 어떠한 질문에도 당황하지 않고 좋은 답변을 할 수 있다. 중요한 두 가지 장점을 주는 면접 스터디를 꼭 하기를 바란다. 실제로 내가 속했던 면접스터디 참여자 대부분이 본인들이 원하는 기업에 입사했다. 입사 후 만난 자리에서 서로에게 배운 것이 많다며 감사를 표현했다.

2차 면접, 내 생애 마지막 면접이 되기를

S사 본사에서 2차 면접이 시작됐다. 인사과 팀장님과 일대일 면접으로 카페에서 대화하듯이 자연스럽게 면접이 시작됐다. 팀장님은 내가 전에 다녔던 L사와 비교하며 지금 회사의 안 좋은 부분을 말씀하셨다. 그래도 다닐 생각이 있는지 나의 의견을 물었다. 다닌다고 답변했고, 이유도 함께 설명했다. 예를 들면 "현재 다니고 있는 직장은 퇴근시간이 몇 시입니까?" 질문에 나는 "5시 반입니다."라고 답했다. "우리 회사는 퇴근시간이 더 늦을 수도 있습니다. 괜찮습니까?"라고 묻자 나는 "네, 괜찮습니다. 전 직장에서도 저의 업무가 끝나지 않거나 더 나은 결과를 위해서 정규 퇴근시간보다 더 근무하곤 했습니다. 저는 책임감이 있습니다. 제가 늦게 퇴근하는 것은 괜찮지만, 업무를 제대로 하지 못하고 퇴근을 빨리해서, 팀에게 피해를 주는 일은 없어야 합니다."라고 답변했다. 입사하고 알게 된 사실이지만 pc-off제도가 있어서 6시면 컴퓨터가 자동으로 꺼진다. 늦게까지 업무를 할 수 없다. 팀장님은 회사의 안 좋은 말씀을 하시면서 나의 입사 의지를 확인하고 싶은 것 같았다. 이후 팀장님은 나의 합격을 결정하셨는지 회사의 장점과 비전을 설명해주셨다. 곧 한솥밥을 먹을 선배로서 좋은 말씀도 해주셨다. 면접이 끝나자 곧바로 인사과 직원이 내려와서 입사 후 받게 될 연봉과 직급을 설명해주셨다.

경력직은 입사할 회사가 정해지면 자신이 받고 싶은 연봉을 고민해야한다. 정말 실력이 뛰어난 사람은 연봉 협상이 가능하지만 대부분의 경력직 입사를 원하는 사람은 '을'이다. 기업이 '갑'이다. '을'의 이유는 대체 가능한 인력 자원이기 때문이다. '을'의 입장에서 연봉, 직급 협상은 쉽지 않다. 그래서 나는 마음속에 마지노선을 그렸다. 마지노선 아래로 내려가면 이직은 포기한다고 생각을 했다. 마지노선을 그리려면 최소 입사할 회사의 연차에 따른 급여 정보는 알아야 한다. 그 회사에 근무하는 사람에게 연차에 따른 급여를 물었다. 그리고 이에 상응하는 마지노선을 그렸다. 나는 2년의 경력 인정을 원했으며 현재 S사에서 3년차 직원이 받고 있는 연봉을 마지노선으로 그렸다.

다행히 인사과 직원은 내가 생각한 마지노선보다 좋은 조건으로 말씀해 주셨고, 바로 계약이 이뤄졌다. 경력직 관련 계약은 면접 후 빠르게 이뤄지기 때문에 최종면접 전에 받고 싶은 연봉을 생각해둬야 한다. 생각 없는 빠른 결정은 후회를 가지고 오기 때문에 꼭 준비하기를 바란다. 반면 메일로 연봉협상을 하는 사람도 봤다. 상황에 따라 유동적으로 미리 준비하기를 바란다.

마지막 인사, 좋은 사람이 되기 위한

어떤 일이든지 끝마무리가 제일 중요하다. 전 직장에서 나에게 주어진 업무를 마무리하고 동료들에게 피해가 가지 않도록 인수인계를 철저히 했다. 그 결과 단 하루도 못 쉬고 현재 다니는 직장에 출근했다. 하루도 못 쉰 것은 아쉽지만, 전 직장에 대한 미안한 마음에 최선을 다했다. 좋은 마무리 덕분에 전 직장 사람들과는 아직도 좋은 관계를 유지하고 있다. 경력직으로 이직을 준비하시는 독자분이 계신다면, 전 직장에서 새로운 직장으로 출근하는 시간을 적어도 한 달 이상 벌어놓으면 좋다. 업무의 특성상 다르겠지만 보통 한 달이면 전 직장에서 업무를 인수인계를 하고, 일주일은 쉴 수 있는 시간을 벌수 있다.

마지막 직장, 좋은 사람들과 함께

분명히 하루 전에는 직장에서 능숙하게 일을 했지만, 새로운 직장에 출근하자 다시 바보가 됐다. 제일 번거로운 것은 입사 후 업무를 위해서 준비해야 하는 것들이다. 노트북, 법인카드, 사원번호를 받고 각종 그룹웨어 보안 설치 및 ID 생성, 교육 등 정말 많다. 이와 동시에 동료들의 이름도 외워야 한다. 그리고 경력직으로 왔기 때문에 바로 신입들보다 빠르게 업무에 적응을 해야 한다. 그러나 경력직이라도 처음은 누구나 바보 같은 실수를 저지른다. 그러나 너무 자책하지 않아도 된다. 시간이 지나면 자연스럽게 업무를 터득하기 때문이다.

나 또한 예전에는 식은땀을 흘리며 3시간이 걸렸던 일을 1년이 지난 지금은 웃으면서 30분이면 마친다. 물론 가끔 실수는 하지만 말이다. 누구나 실수는 한다. 그러니 실수를 줄이는 방식으로 업무를 배우면 된다. 나는 실수를 하면 위축되고 기분이 좋지 않다. 계속해서 실수에 대해서 생각하게 되고 상황, 기분 모든 것이 점점 더 안 좋아진다. 그래서 나는 생각을 바꿨다. 실수를 해서 기분이 좋지 않은 날이면, 기분 좋은 일에 더 집중한다. 노래방을 가든가, 친구를 만나 수다를 떤다. 가끔 운동을 하고 땀도 흘린다. 그러면 기분이 나아진다. 독자분들도 실수에 너무 집착하지 마시고, 잊어라, 잊기 힘들면 기분 좋은 일에 집중했으면 좋겠다.

현재 S사에 입사해서 SV(supervisor)로 일을 하면서 매우 만족하고 있다. 직무의 내용은 가맹점 관리를 하는 것이다. '관리'라는 용어는 많은 것을 의미하지만 작게는 유통기한 확인, 품질 확인, 주문관리, 매출관리를 하고, 크게 말하면 자사의 브랜드를 믿어주신 점주님과 고객님들께 더 나은 삶을 드리는 역할을 한다. 업무가 적성에 맞다보니 욕심도 생기고, 하루의 시간이 빠르게 간다. 또한 동료들이 좋아 사람에 대한 스트레스 없다.

한 직장에서 못 버틴 사람은 다른 직장을 가도 못 버틴다는 말은 믿지 않았으면 좋겠다. 직장을 4번 옮긴 결과 내가 원하는 업무를 찾았으며, 그로 인해 삶의 질이 크게 올라갔다. 나와 맞지 않는 업무를 해야 하는 월요일이 죽도록 싫던 과거의 내 삶이 달라졌다.

7 장
취업준비생, 가장 힘든 시간을 걷는 사람들에게

내 삶에서 가장 힘들었던 시기는 취업을 준비하던 시기였다. 이유는 노력하면 다 된다고 교육받으며 어른이 됐지만, 취업은 그렇지 않기 때문이다. 노력보다는 많은 운이 결과를 만들었다. 그래서 앞을 알 수 없는 불안함이 매일매일 존재했다. 그 다음으로 힘들었던 시간은 입사 후 멋질 것 같던 직장생활이 생각과 다른 전쟁터임을 깨닫는 순간이었다. 심지어 업무도 적성에 맞지 않았다. "직장생활을 적성에 맞춰서 하는 사람은 없다. 모든 직장은 힘들다. 그래서 돈을 준다."라는 말을 수시로 들었다. 남들이 알 만한 회사를 어렵게 입사했는데, 그만두고 재취업을 할 수 있을지에 대한 확신도 없었다.

취업에 도전하는 취업준비생은 이 책을 읽고, 노력은 나의 몫이고 결과는 하늘의 몫이라는 큰마음을 가졌으면 좋겠다. 그래야 심한 스트레스 없이 시간이 걸리더라도 본인이 원하는 기업을 입사할 수 있다. 이직을 원하는 독자는 본인의 업무가 정말 힘들다면 나의 경험을 참고 삼아 자신에 대한 확신을 키웠으면 좋겠다.

행복했으면 좋겠다. 시간이 걸리더라도 좌절하지 말고 자신에 대한 믿음을 가져라. 이 치열한 사회에서 근거 없는 자신감이 당신의 인생을 조금은 더 낫게 만들어 줄 것이다.

출근길을 걷고 싶은
걷고 있는 이들에게

지 은 이 김승상

1판 2쇄 발행 2019년 12월 24일

저작권자 김승상

발 행 처 하움출판사
발 행 인 문현광
교   정 홍새솔
편   집 유별리
주   소 전라북도 군산시 축동안3길 20, 2층(수송동)
I S B N 979-11-6440-089-8

홈페이지 http://haum.kr/
이 메 일 haum1000@naver.com

좋은 책을 만들겠습니다.
하움출판사는 독자 여러분의 의견에 항상 귀 기울이고 있습니다.

이 도서의 국립중앙도서관 출판예정도서목록(CIP)은 서지정보유통지원시스템 홈페이지(http://seoji.nl.go.kr)와 국가자료종합목록 구축시스템(http://kolis-net.nl.go.kr)에서 이용하실 수 있습니다. (CIP제어번호 : CIP2019049386)